KB163687

바그다드

천일야화의 고향

차례
Contents

황금기와 암흑기

뿌리 깊은 나라, 이라크

아랍어로 '뿌리 깊은 나라'의 뜻을 지닌 이라크는, 인류문
명의 시원인 메소포타미아 문명의 심장부로서 인류의 발자취
를 고스란히 간직하고 있다. 메소포타미아란 고대 그리스어로
'강 사이의 땅'을 의미한다. '메소'는 사이, '포타모스'는 강을
뜻하고, 이때의 강은 티그리스 강과 유프라테스 강을 말한다.
일반적으로 메소포타미아 지역이라 하면 오늘날 이라크, 시리
아, 터키의 세 나라에 걸친 지역을 일컫는데, 이라크는 그 중
앙을 차지하고 있다.

메소포타미아 문명이 인류발전사에 끼친 공로는 지대하다.

이곳에서 인류 최초의 문자가 생겨났고 인류 최초의 법전이 마련되었으며, 숫자 0의 개념이 본격적으로 수학에 도입되었다. 메소포타미아 지역의 중앙에 위치한 이라크에는 기원전 3000년경 인류 최초의 도시국가를 세웠던 수메르 왕국의 유적과 유물을 비롯해서 바빌론 왕국과 아시리아 왕국 그리고 신바빌로니아 왕국 등의 유적들이 산재해 있다.

이라크의 중심엔 바그다드가 있다. 그 지리적 위치만 보아도 바그다드가 인류문명사에서 차지해온 비중이 크다는 것을 짐작할 수 있다. 바그다드에 관한 역사상의 기록은 기원전 1800년 바빌론 시대의 함무라비 왕이 '바그다두'를 언급한 데서 시작한다. 그러나 바그다드가 역사 속에서 확실히 조명을 받기 시작한 것은 서기 762년 이슬람 압바스 제국의 제2대 칼리파(Khalifa: 이슬람 제국의 통치자)인 알 만수르가 이곳을 수도로 삼으면서부터이다.

이슬람 압바스 제국의 수도

서기 622년 아라비아 반도의 메카에서 예언자 무함마드에 의해 이슬람교가 창시된 이래 이슬람교는 중근동 지역 전체로 빠르게 전파되어 나갔다. 북쪽으로는 오늘날의 이라크, 시리아, 터키까지 확장해 나갔고 동쪽으로는 이란, 아프가니스탄, 파키스탄, 인도 등지까지 확장했으며 서쪽으로는 북아프리카까지 그 영역을 넓혔다. 이러한 정복사업은 예언자 무함마드의 통치시대뿐만 아니라 그의 사후에 이어진 정통 칼리파 시대와 우마이야 시대 그리고 압바스 시대에도 계속되었다.

압바스 제국이 창건되기 이전인 우마이야 시대의 수도는 다마스커스였다. 그러나 압바스 제국의 초대 칼리파 압바스는 다마스커스 대신 쿠파를 새 왕국의 수도로 정했고 후일 안바르로 천도했다. 한편 제2대 칼리파 알 만수르는 즉위하자마자 제국의 발전을 강력하게 추진할 수 있는 새로운 수도를 물색하기 시작했다. 그는 티그리스 강을 따라 남부의 바스라에서부터 북부의 모술까지 답사한 끝에 티그리스 강 중류 서안에 위치한 바그다드를 새 수도로 정했다.

그가 이곳을 수도로 선택한 이유는 안보와 경제, 그리고 행정의 측면에서 탁월한 입지조건을 갖추었기 때문이다. 안보상 바그다드는 티그리스 강과 유프라테스 강 사이에 위치하므로 적의 접근이 어렵고 경제상으로는 북부의 모술과 남부의 바스라 사이의 중간지점에 위치하므로 교역의 요충지였다. 모술은 시리아와 이집트에서 들어오는 물품을 받아들이는 길목이었고 바스라는 인도와 중국 등에서 들어오는 물품을 하역하는 항구였다. 또한 행정상으로는 페르시아와 가깝다는 점이 유리하게 작용했다. 페르시아인들은 압바스 왕조의 창건에 큰 공헌을 했을 뿐만 아니라 왕조수립 후에도 행정요직을 비롯한 다양한 분야에서 활약했다. 그러므로 행정의 효율성을 위해서는 페르시아와 가까운 곳에 수도를 정하는 것이 중요했다.

이외에도 바그다드는 기후여건이 좋았고 토양도 비옥했다.

다른 지역에 비해 모기가 적어 전염병이 발생할 확률이 낮았고 농작물이 잘 자라서 식량을 생산하고 비축하기에도 좋았다. 천혜의 조건을 두루 갖춘 축복받은 이 도시는 새 제국의 수도로 정해진 후 국가의 번영과 국력의 신장에 중요한 역할을 하며 빠르게 발전했다. 그래서 당시 당나라의 장안이나 비잔틴 제국의 콘스탄티노플과 나란히 어깨를 겨루는 대도시가 되었다.

원형의 요새도시

칼리파 알 만수르는 수도를 선정하는 데 있어서 날카로운 안목을 과시했을 뿐 아니라 입지조건을 바탕으로 수도를 요새화하는 데도 놀라운 능력을 발휘했다. 그는 로마의 병영도시와 같이 수도를 둥근 원형으로 설계하고 3중으로 성곽을 설치했다.

외벽, 중간벽, 내벽의 3중 원형 성곽은 각각 그 기능과 형태가 독특했다. 두께가 9m인 외벽 주위에는 큰 도랑을 파서 적이 근접하지 못하게 했다. 이 도랑은 폭이 20m가 넘었으며 티그리스 강에서 물을 끌어 채웠다. 외벽과 중간벽 사이에는 57m 폭의 빈 공간을 두어 적군이 침입하더라도 중간벽 쪽으로 접근하는 데 시간이 걸리도록 했다. 중간벽은 높이가 34m, 하단부의 두께가 50m, 상단부의 두께가 14m인 견고한 성곽이었고, 이 성곽을 균등하게 4등분한 지점에는 4개의 성문이 세워졌다.

4개의 성문은 서남쪽, 동남쪽, 동북쪽, 서북쪽에 있었으며 이들 성문의 명칭은 당시 이슬람 제국의 여러 도시의 이름을 따라서 붙였다. 서남쪽 성문의 이름은 '쿠파 문'으로서 이슬람 교의 성지 메카를 향하고 있다. 동남쪽 성문의 이름은 '바스라 문', 동북쪽 성문의 이름은 '쿠라산 문', 서북쪽 성문의 이름은 '다마스커스 문'이다. 이 성문들 사이에는 각각 28개씩의 높은 망루를 세워 주변을 감시했는데, 서남문과 동남문 사이에는 29개의 망루를 설치해 경계를 강화했다. 한편 중간벽과 내벽 사이를 따라 170m의 공간이 있었는데 이곳에는 칼리파의 측근 관료들과 시종들이 거주하도록 했다.

마지막으로 내벽의 안쪽에는 칼리파의 궁전과 모스크가 중앙에 자리잡았다. 황금으로 덮인 궁전의 대문은 성지 메카를 향해 있었고 궁전의 지붕은 높이 50m의 초록색 돔으로 덮여 있었으며 돔의 꼭대기에는 창을 든 기사상이 세워져 있었다. 모스크의 지붕은 황금빛 초승달로 장식되어 있고, 벽면은 티크 목으로 둘러싸인 가운데 초록색 모자이크가 군데군데 장식되어 있었다. 한편 궁전과 모스크의 주변에는 왕자와 공주들을 비롯한 왕족의 거처가 있었으며, 화폐창고와 문서관리청, 그리고 군사관리청 등의 주요 관청들이 자리 잡았다.

이렇게 형성된 원형도시의 직경은 1,848m였고, 이 도시의 건설에는 약 4년이 걸렸으며 대략 10만 명의 인력이 동원되었다. 건축자재는 주로 주변도시에서 조달되었는데, 예를 들어와시트에서는 여러 개의 단철대문을 들여왔고 다마스커스와 쿠파에서는 각각 한 개씩의 철제대문을 가져왔으며 바빌론 유적지에서는 벽돌을 가져다 썼다.

바그다드가 중세 요새도시의 표본이기는 하나, 이는 통치자인 칼리파와 그의 측근들을 위한 도시였지 백성들을 위한 도시는 아니었다. 일반 백성들의 주거지는 성곽 밖에 형성되었고 이들의 상업활동은 엄격히 제한되어 상인들은 원형도시의 서쪽에 위치한 카르크 지역에서만 동판공예, 갈대공예, 가공 육류판매 등의 장사를 할 수 있었다.

세월이 흐르면서 바그다드 외곽에 많은 백성들이 거주하게 됨에 따라 위성도시를 건설할 필요성이 대두되었다. 그리하여 768년에 칼리파 알 만수르는 원형도시 바그다드의 동쪽에 위치한 루사파 지역에 병영을 건설하고 새 궁전과 모스크도 지었다. 오늘날의 바그다드는 칼리파 알 만수르가 세웠던 원형도시인 바그다드와 그 서쪽의 카르크 지역 및 동쪽의 루사파 지역을 모두 포함하고 있다.

평화의 도시

이슬람 압바스 제국의 수도 바그다드는 그 중요성만큼이나 명칭도 다양하여 본명 이외에 1개의 공식명칭과 20여 개의 별칭을 갖고 있다. 본명 바그다드는 페르시아식 명칭으로 '정의(正義)의 정원' 또는 '신이 선물한 도시'라는 의미를 갖고 있고, 칼리파 알 만수르는 '평화의 도시(마디나트 알 살람)'라는 공식명칭을 부여했으며 그 이후로 '평화의 집(다르 알 살람)', '이슬람의 돔(쿱바트 알 이슬람)', '이라크의 어머니(움무 알 이라크)' 등의 명칭이 붙었다.

아랍인은 전통적으로 사람이든 동물이든 어떤 대상에게 별칭을 부여하길 즐긴다. 별칭 속에 인간의 염원이 깃들기도 하고 별칭을 부여받는 대상의 속성이 강조되거나 과장되기도 한다. 따라서 선한 사람에겐 과찬이, 악한 사람에겐 통렬한 비방이 가해진다. 인간의 입에서 나오는 찬사나 비방을 비롯해서 누군가에게 붙여지는 명칭이 초자연적인 위력을 지녔다는 믿음을 갖고 있기 때문이다.

바그다드의 명칭 중에는 '평화'라는 단어가 여러 번 포함되어 있지만, 안타깝게도 바그다드에는 평화의 시기보다는 고난의 시기가 더 많았다. '평화의 도시'라는 공식명칭을 지은 칼리파 알 만수르는 험난한 바그다드의 운명을 예견하여 평화를 간구하는 마음을 이름 속에 투영시킨 듯하다.

평등, 화합, 풍요

이슬람 압바스 제국 500년의 도읍지 바그다드는 37명의 칼리파가 통치하는 동안 200년간의 전성기와 300년간의 쇠퇴기를 겪었다. 압바스 제국 이전의 우마이야 왕조가 아랍인 위주의 정책을 펴자 이에 불만을 품은 페르시아인들의 반란을 겪어 경제적으로나 문화적으로 단조로움을 유지했던 반면, 압바스 제국은 다양한 인종과 언어, 문화를 융합하여 그것들을 '아랍'이라는 틀 안에서 재생산하며 정치적·문화적 발전 기반을 마련했다.

정치적으로는 페르시아인들을 비롯해서 다양한 인종의 피정복민을 아랍인과 동등하게 대우했고 경제적으로는 여러 나라와 활발한 교역을 함으로써 산업의 발전과 사회적 풍요를 이루어냈으며, 문화적으로는 인도, 페르시아, 그리스 등의 학문과 예술을 수용하여 발전시켰다. 당시 바그다드의 교역 상황에 관한 기록은 경제적 풍요를 짐작케 한다.

바그다드는 세계에서 가장 부유한 도시가 되어 티그리스 강과 유프라테스 강의 부두는 세계 각처에서 온 배들로 붐비고 있었다. 중국에서는 도자기를, 말레이시아와 인도에서는 향신료와 염색약을 들여오고 터키에서는 유리와 노예를 들여왔으며, 동아프리카에서는 상아와 사금을, 아라비아 반도에서는 진주와 무기를 들여왔다.

세계 각처에서 진귀한 물품을 들여와 쓰는 귀족과 정부관리들의 사치스런 생활은 이들의 욕구를 충족시키며 살아가는 상인과 수공업자 등의 중산층을 탄생시켰을 뿐만 아니라 이들을 위한 술동무가 되어 밤을 지새우며 흥미로운 이야기를 들려주는 야담 이야기꾼도 탄생시켰다.

한편 사회복지제도가 잘 마련되어 있어서 백성들은 무료로 병원진료를 받을 수 있었다. 사회 복지기금은 자카트(무슬림의 5가지 의무 중 하나. 수입의 1/40을 1년에 한 번 낸다)로 마련되었고 칼리파에 의해 운영되었다.

사회질서와 치안도 잘 유지되었다. 경찰행정을 비롯해 체계적인 법률제도, 그리고 12만 5천 명으로 구성된 정규군이 사회를 안정시키는 데 주요역할을 했으며, 판사들은 민사문제나 종교문제들을 모두 관할했다. 그들은 농업용수의 배분문제나 상업 거래상의 시비 등을 조정하거나 판결하고, 우상숭배 관습을 척결하기 위해 백성들이 지닌 동상이나 인형 등을 조사하기도 했다. 또한 미망인들의 재혼을 주선하는 업무도 맡았다.

번영의 절정기 : 하룬 알 라시드 치세

새 제국의 수도로 제정된 후 거침없이 발전을 거듭하던 바그다드의 역사는 제5대 칼리파 하룬 알 라시드 시대에 절정에 이른다. 칼리파 하룬 알 라시드는 『천일야화』에 자주 등장하는 왕으로서 태평성대를 이룩한 성군이며 술과 시를 즐긴 낭만적인 왕으로 알려져 있다. 적어도 그의 치세 중반기까지는 그의 화려한 명성에 걸맞게 나라를 잘 이끌었다. 그러나 그의 훌륭한 통치력은 페르시아 혈통의 대신이었던 자으파르 덕분이었다. 좀더 정확히 말하자면 칼리파 하룬 알 라시드는 국정의 대부분을 자으파르에게 맡기고 자신은 술을 즐기고 시를 음미하며 유유자적하는 무책임한 왕이었다.

　그러나 어느 날 칼리파 하룬 알 라시드는 오만한 자으파르를 몹시 괘씸하게 여겨 투옥한 후 처형했다. 그 이후로 칼리파 하룬 알 라시드는 감당 못할 행정공백상태에 빠지게 되고, 설상가상으로 그의 사후에는 그의 세 아들－마으문, 아민, 무으타심－간에 권력투쟁이 발생하여 아랍인과 페르시아인 간의 투쟁으로 비화되었다.

　칼리파 하룬 알 라시드가 809년에 죽자, 차남 아민은 1년 후에 왕위를 형 마으문에게 넘겨준다는 조건으로 칼리파 직에 오른다. 한편 장남 마으문은 페르시아의 병영을 지키며 약속이 실현되기를 고대하고 있었다. 그러나 동생 아민이 그와의 약속을 어기고 아민의 아들에게 왕위를 계승할 뜻을 나타내자 마으문은 바그다드로 쳐들어와 아민을 공격한다. 마으문이 이끌고 온 군대는 페르시아인들로 구성되었고 아민의 군대는 아랍인들이었기에 이들 형제의 싸움은 곧 페르시아인과 아랍인의 싸움으로 발전했다.

　오랫동안 지속되었던 형제간의 싸움으로 원형의 요새도시 바그다드의 견고한 성곽들은 폐허가 되어버렸다. 마침내 전쟁은 814년에 장남 마으문의 승리로 끝났다. 이때부터 원형도시 바그다드는 점차 그 중요성을 상실해가고 행정의 중심은 티그리스 강 동안의 새 지역으로 옮겨갔다. 칼리파 알 만수르가 세운 원형의 요새 도시 바그다드는 세워진 지 채 50년도 안 되어 후손들의 골육상쟁으로 폐허가 되었다. "내 후손들은 내가 세운 도성을 지키며 영원히 번창할 것이다."라고 장담했던 칼리파 알 만수르의 호언은 물거품이 되고 말았다. 한번 휘청거린 이슬람 압바스 제국은 곳곳에서 일어나는 내란 및 페르시아인과 터키인의 도전으로 서서히 쇠퇴의 조짐을 보였다.

왕권 다툼으로 행정력이 약화된 상황에서 페르시아인들의 지지를 받던 마으문이 칼리파 직에 오르자 제국 내에서 페르시아인들의 세력이 무섭게 성장했다. 마으문의 치세 기간 동안 페르시아인들의 힘이 너무 커지자 마으문의 뒤를 이어 칼리파가 된 무으타심은 터키 용병들을 수입해서 페르시아인들의 세력을 막아냈다.

그러나 이것은 또 다른 문제를 야기했다. 터키 용병들의 기세가 날로 높아져서 왕권을 위협하고 바그다드에서 약탈과 살인을 일삼았던 것이다. 칼리파 무으타심은 터키 용병들이 더 이상 그들의 세력을 확장하지 못하도록 천도를 단행했다. 바그다드에서 북쪽으로 111km 떨어진 사마라에 새 도읍을 정한 것이다. 이렇게 하여 사마라는 836년에서 892년까지 이슬람 압바스 제국의 수도가 되었고 그곳에서 터키 용병들의 내정간섭과 횡포는 더욱 극심해졌다. 그러자 이를 더 이상 지켜볼 수 없었던 칼리파 무으타심은 터키 용병들을 제압하고 수도를 다시 바그다드로 옮겼다. 그 이후로 바그다드는 중앙집권적 체제를 상실해가다가 마침내 1258년에 몽고의 침입을 받아 압바스 제국은 초토화되고, 원형의 요새 도시 바그다드의 흔적은 완전히 자취를 감추었다.

정치는 흔들려도 문화는 꽃피었다

하룬 알 라시드의 장남으로서 제7대 칼리파가 된 마으문은 선왕들에 비해 정치적 통제력은 많이 잃었으나 학문의 부흥과 학자들의 양성에 큰 힘을 기울였다. 그는 '지혜의 전당(Bait al-Hikma)'이라는 왕립학술연구소를 세워 인도, 페르시아, 그리스 등지로부터 다양한 서적을 들여와 번역하도록 했고 문인들이 자유로운 창작활동을 하도록 지원했으며 이슬람 신학에 관한 활발한 토론의 장을 마련했다. 뿐만 아니라 국내외 서적을 총망라하는 도서관 및 천문대도 마련하여 폭넓은 학문의 진흥에 힘썼다.

세종대왕 시대의 집현전과 비교할 수 있는 지혜의 전당은 번역센터, 학술원, 도서관, 천문대 등의 종합적 기능을 하며 학문발전의 토대를 마련했다. 마으문 시대에 기틀이 잡힌 이 학술연구소는 제8대 칼리파 알 무으타심 시대에 가장 활발한 기능을 발휘하였다. 이 시기는 터키 용병들의 세력확장을 막기 위해 수도를 사마라로 천도한 시기였다. 수도를 옮길 만큼 국정이 혼란스러웠을 때에도 학술연구가 활발히 진행된 것을 보면 당시 압바스 왕조의 학문에 대한 열정이 대단했음을 짐작할 수 있다. 지혜의 전당은 세월이 지남에 따라 도서관의 기능이 강화되었고 1258년 바그다드가 몽고군에 침공당하면서 문을 닫았다.

지혜의 전당을 세운 칼리파 알 마으문은 그 자신이 종교학자였고 쿠란을 완전히 암기할 만큼 신앙심이 두터웠다. 그는 1주일에 한 번씩 궁전에서 문학, 과학, 철학, 종교에 관한 토론회를 열고 학자들이 다양한 주제의 자유로운 토론을 하도록 독려했다. 그 결과 새로운 신학이론이 발전했을 뿐만 아니라 무슬림과 이교도들 간의 종교토론도 활발하게 이루어졌다.

새로운 신학이론이란 자유주의와 이성주의 원칙에 기초한 무으타질라 사상을 말한다. 무으타질라는 아랍어로 '다른 견해를 가진 사람들' 또는 '중립'을 의미하는 것으로서 신학의 해석에 있어서 극단적 주장을 조정한 절충주의를 지향했다. 이 신학이론은 이슬람 정통신학에 그리스의 철학적 사고방식을 도입하여 이슬람교리를 논리화·객관화한 합리주의 이론이다.

한편 이슬람 압바스 제국은 946년부터 중앙집권적 체제를 상실하고 여러 군소국가들로 분열되기 시작했다. 그러나 군소국가의 군주들이 앞 다투어 학문과 문학을 장려하면서 문화는 지속적으로 발전했다. 철학가이며 정치사상가로 유명한 알 파라비를 비롯해서 이슬람 수피주의 이론을 집대성한 알 가잘리가 이 시대에 배출되었으며 가장 위대한 아랍 시인으로 추앙받는 알 무타납비, 철학적 시로 유명한 맹인 시인 알 마아르리 등과 같은 위대한 문인들도 탄생했다. 뿐만 아니라 『천일야화』의 초안이 마련되었고 다양한 형태의 산문문학이 출현했다.

황금기에서 암흑기로

이슬람 압바스 제국 500년은 그 중반기 이후부터 정치적 혼란과 분열을 겪었음에도 불구하고 아랍이슬람 역사상 최고의 황금기로 평가된다. 정치, 경제, 문화의 측면에서 아랍이슬람 공동체의 기틀과 정체성을 확립하고 민족적, 종교적 자긍심을 심어준 시기이기 때문이다. 종교적 보수성과 더불어 민족의 전통을 중시하는 아랍인들은 오늘날도 압바스 제국이 이룩했던 영광스러운 업적들을 가슴에 새기고 있다.

한편 대외적으로 보아도 당시 압바스 제국 시대의 아랍이슬람 문화는 매우 발달해 있어서 미명에 있던 서구세계를 일깨우고 선도하는 우월한 입지에 있었다. 당시의 이슬람은 세계의 종교이며 보편적 문화종교로서의 위상을 지니고 있었다.

지금도 아랍이슬람인들은 역사의 순환성을 강조하며 언젠가는 반드시 압바스 제국 시대의 영광을 되찾겠다는 신념을 불태우고 있다. 그 신념이 때로는 타 문화권과의 경쟁과 갈등으로 이어지기도 하지만 과거의 유산에 대한 긍지와 재기에 대한 집념은 그들 삶의 원동력임에 틀림없다. 이미 천 년 이상이 지난 압바스 제국의 영화를 간직하며 그 시대의 문화와 가치관을 귀감으로 삼고 의지하는 아랍이슬람인들을 보면 시간이란 참으로 주관적인 기준이라는 생각이 새삼 스친다. 때로는 그들에게 '현재가 더 중요한 것이 아니냐'는 물음을 던지고 싶지만 역사의 황금기에서 암흑기로 추락하여 재기를 다짐하는 그들의 심정을 추호라도 이해한다면 그것은 우문일 것이다.

황금기를 구가하던 이슬람 압바스 제국이 완전히 무너진 것은 1258년 몽고 징기스칸의 손자 훌라구의 침략부터이다.

몽고족의 약탈과 방화 속에서 아랍이슬람의 문화유산은 철저히 파괴되고 바그다드는 기나긴 수난의 역사 속으로 들어갔다. 몽고족이 물러간 후 그리스 출신의 노예 무르잔이 통치하고, 이어서 몽고 훌라구의 손자 타뮬레인이 재침략했다. 그뿐만이 아니라 1504년부터 1638년 사이에는 사파위조 페르시아와 오스만 터키 간의 주도권 다툼 속에서 전쟁터가 되어버렸다. 그리고 1638년부터 1917년까지는 오스만 터키의 지배 하에서 터키 어를 공식어로 사용하면서 아랍어와 아랍문화는 깊은 잠에 빠졌다.

1917년에는 영국의 지배 하에 들어가면서 1921년부터는 영국의 보호령이 되었고 입헌군주제가 실시되었다. 1932년에 명목상 독립을 했지만 1958년 자유장교단이 이끄는 쿠데타로 왕정이 무너질 때까지 영국의 영향력 아래 있었다. 바그다드의 주권이 이라크인에게 돌아오기까지 꼬박 700년이 걸렸다.

축복의 땅, 고난의 연속

중세 이슬람 세계의 사령탑이었던 바그다드는 몽고의 침입으로 백성의 1/3가량을 잃었고 모스크와 병원을 제외한 모든 건물들이 파괴되었다. 그 후 오스만 터키와 사파위조 페르시아가 번갈아 침략하며 벌인 전쟁 속에서 바그다드는 '정치적 축구공' 신세가 되었다. 그러나 바그다드를 고통의 늪 속으로 빠뜨린 원인이 외적의 침입만은 아니었다. 홍수와 전염병의 창궐도 바그다드를 신음 속으로 몰아넣었다. 1831년에 일어났던 대홍수는 동바그다드(루사파) 지역의 2/3와 서바그다드 (카르크) 지역의 상당 부분을 휩쓸었고 뒤이은 전염병의 확산으로 약 10만여 명이 목숨을 잃었다. 바그다드가 이 대재앙에서 회복되는 데는 15년 이상이 걸렸다.

한편 근대에 이르러 이라크는 세계 제2위의 석유매장량으로 주목을 끌었다. 이라크 전역은 고생대 및 중생대에 숲이 울창한 곳이었으므로 다량의 질 좋은 석유가 매장되어 있다는 것이 지질학자들의 견해다. 그러나 풍부한 석유자원은 그들을 행복하게 해주는 대신 오히려 그들을 불행의 늪에서 헤어나지 못하게 하고 있다.

바그다드는 외세의 개입과 정치적 불안정으로 인한 수차례의 쿠데타, 여기에다 종족 간 불화, 종파 간 갈등, 독재, 8년간에 걸친 이란과의 전쟁, 이라크 역사의 시계를 수십 년 전으로 돌려놓은 걸프전, 미국과의 전쟁 등 여러 요인으로 수난을 거듭하고 있다. 신의 축복은 보이지 않는 시샘을 불러온 것일까?

하지만 많은 역사가들은 바그다드를 '불사조 같은 도시'라고 부른다. 외적의 침입과 자연재해로 잿더미가 된 후에 어김없이 회생을 했기 때문이다. '평화의 도시' 바그다드에 평화가 정착되는 날, '불사조'의 역사는 다시 한 번 기록될 것이다.

메소포타미아 문명의 발자취

텔 하르말

바그다드는 메소포타미아 문명의 중심지였다. 역사상 수없이 발생했던 혹독한 전란과 자연재해로 인해 많은 유적들이 손실되긴 했지만 아직도 고대 메소포타미아인들의 숨결을 느낄 수 있는 중요한 발자취들이 바그다드에 남아 있다.

바그다드에서 북쪽으로 약 9km 떨어진 지역, 즉 신바그다드 지역에는 아카드 왕국시대에 형성되어 기원전 1850년에 에시눈나 왕국의 행정중심지가 된 텔 하르말이 있다. '텔'이란 아랍어로 '언덕'을 의미하고 '하르말'은 향기가 나는 야생초를 뜻하는 것으로 미루어 '텔 하르말'은 향긋한 야생초가 자생했던 언덕이었을 것이다. 이라크에는 지명에 '텔'이 포함된 곳이 많은데, 1877년부터 이 지역들에서는 수많은 설형문자 점토판이 발굴되어 수메르 문화 연구의 좋은 자료가 되고 있다. 발굴된 점토판 중에는 함무라비 법전보다 약 200년 앞선 것으로 알려진 에시눈나 법전을 비롯하여 복잡한 수학이론 등이 새겨져 있어 당시의 법률제도와 학문의 수준을 짐작하게 한다. 또한 이곳에 세계 최초로 과학원이 건립되었던 점으로 보아 과학과 수학이 크게 발달했음이 확실하다. 특히 수학이론이 새겨진 점토판은 그리스의 수학자 유클리드가 그의 이론을 발전시키는 데 활용되었던 것으로 전해진다.

아가르고우프

바그다드에서 북서쪽으로 30km 떨어진 지점에 있는 아가르고우프에는 기원전 1500년경에 세워진 신전탑인 지구라트(Ziggurat)의 일부가 남아 있다. 이 지구라트는 바빌론 왕국 시대의 쿠리갈주 왕 시대에 지어진 것으로서 자연석회석으로 되어 있다. 이것은 기저부만 온전히 보전되어 있는 상태인데 기저부 중앙에는 3개의 계단이 있으며 양측으로 2개씩의 계단이 있다.

지구라트는 메소포타미아 문명의 다신숭배 사상을 특징적으로 보여주는 유적이다. 피라미드 모양으로서 흙벽돌이나 석회석으로 지어진 이 신전탑은 3층으로 구성되어 있으며 전면

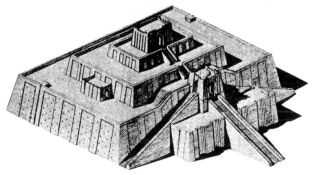

우르 지구라트.

중앙에는 계단이 있다. 이라크에는 약 30개의 지구라트가 있는데 이 가운데서 남부의 우르 지역에 있는 지구라트의 보전 상태가 가장 양호하여 좋은 연구자료가 되고 있다.

지구라트의 규모는 매우 크다. 우르의 지구라트 기저부는 가로가 60m, 세로가 45m, 높이가 21m이고, 아가르고우프의 지구라트 기저부는 가로가 69m, 세로가 67m이다. 이 지구라트는 기저부만 보전되어 있기 때문에 그 높이를 정확히 알 수 없지만 약 57m로 추산되고 있다. 일반적으로 지구라트는 주변에 신전, 왕궁, 마을, 그리고 시장 등의 흔적이 남아 있는 것으로 보아 메소포타미아인들의 생활의 구심점이었음을 알 수 있다.

크테시폰

티그리스 강을 따라 바그다드에서 남쪽으로 30km 떨어져 있는 크테시폰에는 신전이나 왕궁의 일부로 보이는 건물이 남아 있다. 높은 아치형 천장을 가진 여러 개의 홀이 건물 앞부분을 구성하는 것으로 보아 아시리아 시대의 건축양식임이 확실하다. 화려한 벽돌공예로 장식된 아치형 천장을 가진 작은

크테시폰.

홀들이 건물의 외부를 구성하는 건축형태인 이완(Ewan) 양식은 아시리아 시대에 시작되어 이슬람 시대까지 이어졌다. 따라서 바그다드에서 발견되는 고대유적과 모스크의 대부분이 이 양식을 취하고 있을 뿐 아니라 여타 아랍국가의 모스크들도 이와 유사한 건축양식을 띠고 있다.

일부분만 남아 있는 이 낡은 건물 옆에는 육중한 대형아치가 연결되어 있다. 서기 3세기에 제작된 것으로 보이는 이 아치는 높이가 무려 37m이고 폭이 25.5m이며 하단부 벽의 두께는 7m나 된다. 도저히 어울릴 것 같지 않은 낡은 건물과 육중한 아치는 서로를 벗 삼아 수십 세기 동안 의지해 오고 있다. 더욱이 이 아치는 단 한 장의 블록으로 제작된 세계 최대의 아치라는 점에서 세계의 주목을 받고 있다.

인류문명의 보고서 : 이라크 국립박물관

　　인류문명의 요람인 메소포타미아 지역의 중앙부를 차지했던 바그다드에는 인류의 역사를 고스란히 담은 박물관이 있다. 카르크 지역의 박물관 광장에 위치한 이라크 국립박물관은 28개의 전시실을 갖춘 현대식 건물로, 중동지역 최대규모의 박물관으로 평가되고 있다.

　　박물관 영내에는 전시실 건물 외에 도서관, 강당, 수장고 등이 있다. 도서관에는 고고학, 역사학, 예술에 관한 장서가 10만 권에 이르고, 강당은 약 250명을 수용할 수 있는 규모이다. 수장고는 지하 1층, 지상 2층으로 지어진 3층 건물로서, 지하 1층은 전쟁이나 비상시를 대비해 유물을 보관하는 곳이며, 지상 2층은 전시 예정인 유물을 보관하는 곳이다.

이라크
국립박물관.

   2층으로 지어진 전시실 건물은 28개의 전시실을 유기적으로 연결하며 10만 년 전의 유물부터 이슬람 압바스 시대의 유물까지 전시하고 있다. 전시실의 유물들은 걸프전 이후인 1991년부터 유실되거나 손상된 흔적을 보이고 있다. 정부에서는 이러한 유실을 막기 위해 1992년부터 2000년까지 박물관을 폐관했었다. 그러나 폐관조치에도 불구하고 1994년 이후에 해외로 팔려나간 유물은 무려 4,000점이 넘었다. 유엔에 의한 경제봉쇄 조치로 경제상황이 극도로 피폐해지자 유물반출이 늘어난 것이다. 유물반출의 실태는 '아시리아 황소두상'에서 단적으로 나타난다. 이 유물은 여러 조각으로 나뉘어졌다가 재접합된 흔적이 있는데, 이것은 모술의 유력 사업가 10명이 반출하려고 조각을 냈던 것이었다. 이들의 모의는 사전에 발각되어 모두 사형에 처해졌다. 정부는 1999년부터 3개의 주요 전시실에 무장군인을 배치하여 24시간 감시체제를 가동하고 있으며, 불법으로 유물을 해외로 반출하는 자는 사형에 처하는 법을 제정했다.

『길가메시 서사시』

메소포타미아 지역엔 9천 년 전부터 농경사회가 형성되어 서서히 도시화가 진행되고 있었다. 인류 최초로 도시를 건설했던 수메르 시대 이전은 다섯 단계의 시기로 구분된다. 첫째가 핫수나(Hassuna) 시기(기원전 6000년), 둘째가 할라프(Halaf) 시기(기원전 5000년), 셋째가 우바이드(Ubaid) 시기(기원전 5000~3800년), 넷째가 우룩(Uruk) 시기(기원전 3800~3200년), 다섯째가 젬대트 나스르(Jemdat Nasr) 시기(기원전 3200~2900년)이다. 우바이드 시기에 이미 에리두, 우르, 라가시, 니푸르 등의 주거지가 형성되었고, 우룩 시기에는 우룩에 4만 5천 명의 인구가 모여 거주하게 되면서 급속한 도시화가 진행되었다. 우룩의 왕은 후대에 신으로 숭상되거나 전설의 주인공이 되었다. 그 예로서 우룩의 왕이었던 두무지(Dumuzi)는 곡물과 풍요의 신으로 숭배되어 바빌론과 유태교에서는 탐무즈로 수용되었고, 역시 우룩의 왕이었던 길가메시(Gilgamesh)는 대서사시의 주인공이 되었다.

『길가메시 서사시』는 우룩의 왕이었던 길가메시의 모험 여정을 12편으로 구성하여 인간의 삶과 죽음의 문제를 다루고 있다. 제1편은 초인적인 힘을 지닌 통치자 길가메시가 도성 안의 젊은 여성들을 희롱하다 백성들의 원성을 사는 내용으로 시작된다. 백성들은 신에게 길가메시를 물리칠 수 있는 장수를 창조해달라고 기도했고, 신은 백성들의 뜻을 따라 엄청난 힘을 가진 야수 엔키두를 창조했다. 제2편에서는 길가메시와 엔키두가 만나 격투를 벌이다 그 과정에서 친구가 되어 모험을 떠나기로 한다. 제3편과 4편에서는 길가메시와 엔키두가 함께 목재를 구하러 백향목 숲에 갔다가 거인 후와와를 만나 위기를 겪는다. 제5편에서는 길가메시와 엔키두가 힘을 합쳐 거인 후와와를 죽이고 우룩으로 돌아온다. 제6편에서는 개선한 길가메시가 이슈타르 여신의 유혹을 받지만 거절하고, 이에 분노한 이슈타르는 그녀의 아버지인 아누에게 길가메시를 죽일 '천상의 황소'를 보내달라고 요청한다.

제7편과 8편에서 길가메시와 엔키두는 '천상의 황소'를 죽였고, 그 징벌로 신은 엔키두의 목숨을 거두어 간다. 제9편에서 길가메시는 엔키두의 죽음을 애도하며 영생의 비결을 알고 있는 우트나피시팀을 찾아 나서고, 제10편에서는 길가메시가 혼자서 험난한 여행을 계속하다가 술을 파는 여인 시두리의 도움으로 우트나피시팀을 만난다. 제11편에서는 우트나피시팀이 길가메시에게 영생의 비밀을 설명하면서 자신이 대홍수속에서 살아날 수 있었던 비결을 얘기한다. 우트나피시팀은 길가메시에게 영생을 얻으려면 과거에 대홍수가 지속되었던 기간만큼 잠을 참아야 한다고 알려준다. 그러나 길가메시는 잠을 쫓지 못해 결국 영생을 포기하고 길을 떠난다. 그를 가엾이 여긴 우트나피시팀은 영생불로초가 있는 곳을 그에게 알려주고, 그는 오랜 노력 끝에 영생불로초를 구하지만 뱀에게 빼앗긴다. 길가메시는 결국 영생을 포기한다. 이렇듯 1편부터 11

편까지의 이야기에서는 인간이 결국 죽을 수밖에 없는 유한한 존재임을 말하고 있다.

한편 제12편은 앞부분의 줄거리와 다소 동떨어진 저승세계의 이야기이다. 길가메시와 엔키두가 나무공 놀이를 하다가 공을 저승세계에 떨어뜨린다. 엔키두는 공을 주우러 저승세계에 내려갔다가 못 나오게 되고, 길가메시는 신들에게 간청해서 그를 구해낸다. 살아서 돌아온 엔키두는 그가 보았던 저승세계에 대해 길가메시에게 자세히 설명한다. 이러한 내용의 『길가메시 서사시』는 피할 수 없는 죽음의 문제, 사후세계에 대한 두려움, 영생에 대한 갈망 등을 다룬 인류 최초의 서사시이다.

수메르 시대의 문화유산

수메르 서기 두두의 좌상

메소포타미아 지역을 통치했던 고대 왕국의 역사는 일반적으로 수메르와 아카드 왕국 시대(기원전 3000~1900년)부터 시작한다. 그리고 바빌론 왕국(기원전 1900~1400년), 아시리아 왕국(기원전 1400~606년), 신바빌로니아 왕국(기원전 606~539년), 아카이만조 페르시아(기원전 539~330년), 셀리우스조 그리스(기원전 331~129년), 파르티아조 페르시아(기원전 130~서기 226년), 사산조 페르시아(서기 226~639년), 아랍이슬람 제국(서기 639~1258년) 순으로 이어진다.

수메르 시대가 남긴 최대의 문화유산은 설형문자이다. 설형문자의 사용은 다양한 학문의 발전을 이룩했으며, 이것은 '서기'라는 전문직업인을 탄생시켰다. 당시에 서기는 사회적으로 존경받는 계층이었으며, 서기가 되기 위해선 '에두바'라고 불리는 학교에서 철저한 교육을 받아야 했다. 서기지망생들이 막중한 수업과 엄격한 학교 규율에 정신적 압박감을 받고 있었다는 점은 당시에 이미 체벌이나 촌지의 관행이 있었다는 기록에서 짐작할 수 있다.

수메르 서기 두두(Dudu)의 좌상은 당시에 서기가 중요한 직무를 수행했음을 말해준다. 뒷면에 그의 이름과 직책이 새겨져 있는 것으로 보아 매우 유명한 인물이었던 것으로 보인다. 말없이 앉아 있는 서기 두두에 대한 후대인들의 평가는 그가 권세를 누리던 서기였다든가, 아니면 불성실하고 약삭빠른 서기였다든가, 또는 엄격한 교사였다든가 등등 다양하다. 검은 현무암제의 이 좌상에서 두두는 두 손을 가슴 앞에 겹쳐 모으고 무늬와 주름이 많아 보이는 풍성한 통치마를 입고 의자에 앉아 있다. 머리는 삭발상태이며 큰 눈과 우뚝한 코를 갖고 있는데 이것은 수메르 시대의 인물상에서 나타나는 공통점이다.

구데아의 좌상

검은 섬록암과 주물로 만들어진 라가시의 왕 구데아의 좌상은 수메르 시대 통치자들의 면모와 복식을 확인할 수 있게 한다. 의자에 앉아 있는 그의 모습 중 목부터 발끝까지의 하단부는 섬록암으로 되어 있고, 두상은 주물로서 표정까지 정교하게 묘사하고 있다. 모자처럼 생긴 관을 머리에 쓰고 있고 큰 눈에 우뚝한 코, 다부지게 다문 입을 가진 그의 모습에서 왕의 위엄이 배어나온다. 발목까지 내려오는 치마 앞자락에는 그의 이름과 치적이 상형문자로 선명하게 새겨져 있다. 그러나 이 박물관에 전시된 구데아 상은 모조품이고, 그 진본은 파리의 루브르 박물관에 소장되어 있다.

수메르 시대의 인장들

수메르 시대의 주요 유물들 중에는 스탬프형 인장과 원통형 인장들을 꼽을 수 있다. 스탬프형 인장에는 여러 가지 동물 모양과 다양한 기하학적 무늬들을 새겨 넣었고, 롤러처럼 굴려서 쓰던 원통형의 인장에는 신과 인간의 모습을 비롯해서 동물과 식물의 모양, 종교의식장면, 전쟁장면 등이 새겨져 있다. 다양하게 발달했던 인장들은 당시에 법률적 계약과 상업 거래 등이 활발했음을 시사한다.

아카드 왕국 사르곤 왕의 청동두상

아카드(기원전 2350~2159년) 왕국은 오늘날의 이라크 중남부 지역에서 번성하며 수메르 왕국과 더불어 다양한 문화유산을 남겼다. 수메르 왕국과 아카드 왕국은 기원전 2000년에 바빌론 왕국(기원전 2000~1500년)에 의해 통합되었다.

아카드 왕국 사르곤 왕의 두상으로 추정되는 실물크기의

청동제 두상은 모자 모양의 왕관을 쓰고 긴 턱수염을 늘어뜨리고 있다. 왕관과 이목구비 그리고 수염 등이 매우 정교한 조각으로 표현되어 있어서 실물을 보듯 사실감이 느껴진다. 이 두상은 왼쪽 눈 부분이 크게 파손되어 완전한 모습을 보전하지 못하는 것이 아쉽지만 아카드 시대 왕의 모습과 당시 야금술의 발달상을 보여준다는 면에서 매우 중요하다.

아카드 왕국의 창시자인 사르곤 왕은 용맹스런 장군이며 현명한 통치자로 알려져 있다. 그는 수많은 도시국가를 통합하여 왕조를 세우고 아카드에 수도를 정했다. 아카드의 위치가 어디였는지는 정확히 알려져 있지 않지만 대략 오늘날의 바그다드와 바빌론 사이의 지점으로 추정된다. 사르곤 왕은 아카드에서 쓰이던 언어를 왕국의 공식언어로 채택했으며 행정과 군사조직에 있어서 훌륭한 통치력을 발휘하여 백성들의 추앙을 받았다.

후대에 회자되던 사르곤 왕의 이야기 가운데는 그의 출생과 성장에 관한 전설적인 내용이 있다. 여승(女僧)이었던 그의 어머니는 그를 낳은 후 바구니에 넣어 유프라테스 강에 띄워 보냈는데, 강의 하류에서 한 농부가 그를 발견해서 키웠고, 그는 성장한 후 여러 도시들을 제패하고 왕국을 세웠다는 얘기이다. 모세의 이야기와 흡사한 이 전설에서 그의 성장과정에 대해서는 언급이 없다. 그래서 농부의 아들로 자란 그가 어떻게 왕이 되었는지는 수수께끼로 남아 있다.

인간의 얼굴을 가진 황소 석상

아시리아 왕조는 기원전 1400년에 40여 개의 도시국가를 통합하고 대제국을 건설했다. 막강한 군사력과 우수한 무기를 갖춘 아시리아 왕조는 중근동 지역은 물론 이집트까지 정복하며 영토를 확장해 갔다.

아시리아 시대 예술의 특징은 대형 석상과 부조이다. 주로 반인반수의 생물체를 묘사하거나 신이나 왕을 찬양하는 내용, 그리고 전쟁장면 등을 표현한 경우가 많다.

그래서 박물관의 아시리아 시대의 전시실은 대형 석상과 부조들로 가득 차 웅장하고 묵직한 느낌을 풍긴다. 전시실 중앙에는 신과 여신들의 석상이 서 있고, 전시실 벽면은 신들의 모습과 종교의식, 그리고 전쟁장면이 묘사된 부조로 장식되어 있다.

대형 석상들 중 가장 눈에 띄는 것은 불가사의한 모습의 황소석상이다. 얼굴은 긴 수염을 기른 인간인데 몸체는 날개를 달고 다리가 다섯 개인 황소의 모습을 하고

아시리아 왕국의 부조.

있다. 석상의 바로 뒷부분에는 대형 석판이 붙어 있는데, 이 석판에는 날개 달린 악마가 물동이와 연장을 들고 있는 모습이 부조로 새겨져 있다. 불가사의한 황소 석상과 그 뒷편에 붙어 있는 석판 사이에는 어떠한 관계가 있는지 많은 의문을 남긴다.

하트라의 대리석 석상들

신바빌로니아 왕국이 알렉산더 대왕에게 정복당한 후 메소포타미아 지역은 기원전 539년부터 129년까지 아카이만조 페르시아(기원전 539~330년)와 셀레우스조 그리스(기원전 331~129년)에 의해 통치된다. 약 200년에 이르는 그리스의 통치는 다양한 문화유산을 남겼는데, 특히 이라크 북부의 하트라에 많은 유적들을 남겼다.

하트라는 티그리스 강과 유프라테스 강 사이에 위치한 이라크 북서지역의 중요 거점도시로서 그리스 통치시대부터 파르티아조 페르시아 및 사산조 페르시아의 통치시대에 걸쳐서 무역과 종교, 군사적인 측면에서 중요한 역할을 했다.

박물관에 전시된 하트라의 유물은 대부분 그리스 신들의 대리석 석상들이다. 바다의 신 포세이돈과 돌고래의 대리석상, 아폴로의 대리석상, 헤라클라스의 동상, 목이 잘려나간 나이키의 석상, 1주일의 일곱 요일을 상징하는 일곱 신의 대리석 석상 등이 전시되어 있다.

중동의 동물우화, 『칼릴라와 딤나』

　사산조 페르시아의 유물로는 황소와 사자의 싸움을 묘사한 부조를 들 수 있다. 황소를 공격하는 사자의 모습은 페르시아의 동물우화집 『칼릴레와 딤네』의 '사자와 소의 이야기'를 묘사한 것으로 볼 수 있다. 사자는 왕이나 절대권력을 상징하고, 황소는 순수하고 충직한 신하를 상징한다. 『칼릴레와 딤네』는 인도설화집 『판차탄트라』를 페르시아어로 번안한 작품으로서 이것은 후일 아랍어로 번안되어 『칼릴라와 딤나』가 되었다.

　『칼릴라와 딤나』는 인도, 페르시아, 아랍의 정서가 깃든 동양의 동물우화로서 표층적으로는 삶의 교훈을 흥미롭게 다루면서 심층적으로는 통치자의 도리와 권력의 속성을 날카롭게 파헤치고 풍자한다. 이 작품은 서문 4장과 본문 15장으로 구성되어 있다. 서문에는 작품에 대한 해설이 실려 있고, 본문에는 동물우화가 주제별로 실려 있다. 본문 각 장은 '다브샬림' 왕이 현자 '바이다바'에게 이야기를 청하면서 시작된다. 왕이 요청하는 주제들은 친구들 간의 우정, 군신 간의 도리, 현명하게 위기를 대처하는 방법 등이고, 모든 이야기는 인과응보와 권선징악을 기초로 전개된다.

　이 작품의 내용 중에는 우리에게 낯설지 않은 이야기들도 많이 포함되어 있는데, 대부분 불교설화를 통해 우리에게 전해진 이야기들이다. 서양에 『이솝우화』가 있다면 동양에는 『칼릴라와 딤나』가 있다. 『이솝우화』가 단순한 도덕적 진리를 단편적으로 다루는 특징을 지녔다면, 『칼릴라와 딤나』는 광범위한 도덕적, 사회적, 정치적 문제들을 복합적으로 다루는 특징을 지녔다.

『칼릴라와 딤나』는 서기 750년대에 페르시아어에서 아랍어로 번역되었고, 서기 900년경부터 세계 주요언어로 번역되었다. 서양에서 『비드파이 우화』로 알려진 이 작품은 '서양에서 성경보다 더 자주 읽힌 책'이라는 평가를 받고 있을 만큼 널리 전파되어 읽혀왔다. 삶의 교훈과 정치적 풍자성을 함께 내포하는 측면에서 오늘날 중동지역에서 가장 훌륭한 고전이며 지혜서로 평가되고 있다.

이슬람 시대를 대변하는 아랍어 서체

서기 637년 사산조 페르시아는 이슬람군에 의해 정복되었고, 메소포타미아 지역은 이슬람 제국의 통치 하에 들어가 오늘날까지 지속된다. 유일신 사상에 바탕을 둔 이슬람 제국의 통치는 국가와 사회의 판도를 완전히 바꾸어 놓았다. 메소포타미아 지역을 비롯한 중동 전역에서 이슬람의 등장은 윤리의 개혁이며 신앙의 개혁이었다. 이슬람의 발흥을 기점으로 그 이전의 시대는 무지와 혼돈과 우상숭배의 시대로, 그 이후의 시대는 지식과 질서와 정통신앙의 시대로 인식되었다.

이슬람의 통치는 당시에 만연했던 우상숭배 관습을 일소하고 절대적인 유일신 사상의 토대를 확립했다. 그리하여 이슬람 이전의 시대에 숭배되었던 신상이나 물체들은 파괴되었고, 그 자리에 모스크가 건설되었으며, 쿠란이 모든 문화의 중심 역할을 맡았다.

이슬람에서는 사람이나 동물을 비롯하여 어떤 형상을 그리거나 조각하는 것을 우상숭배로 여겨 금지한다. 그 대신 기하학적 무늬와 아랍어 서예장식으로서 미술세계를 완성한다. 따라서 다양하고 아름다운 아랍어 서체들이 발전하여 이슬람 시대의 예술을 대변한다.

아랍어 서체는 크게 쿠파 체와 나스크 체로 나뉜다. 쿠파 체는 이라크의 남부 도시 쿠파의 지명에서 유래한 서체로 서기 7세기 말부터 사용되었다. 글자의 모양이 굵고 반듯하며 모가 나 있어서 모스크의 장식과 쿠란의 필사본, 그리고 공식 문서에 사용되었고 바위나 나무, 동전에 글씨를 새길 때도 쓰였다.

그러나 쿠파 체는 11세기경부터 점차 퇴화되었고 그 자리를 나스크 체가 대신했다. 흘림체인 나스크 체는 오늘날 신문이나 책 등 일상생활에서 주로 쓰이며, 다양한 서체를 파생시켰다. 대나무촉이나 깃털촉으로써 쓰여지는 아랍어 서예는 그것으로 여러 가지 모양을 연출할 수 있어서 화려한 장식예술로 널리 쓰인다.

역사의 기둥

바그다드인들은 자신들의 역사와 문화에 매우 큰 긍지를 갖고 있다. 그러나 바그다드에는 과거의 명성만 남아 있을 뿐 찬란했던 역사의 흔적을 더듬어볼 유적은 많지 않다. 그래서 이라크 정부는 바그다드 시내의 주요 거리와 공원에 역사적으로 유명했던 인물이나 사건, 그리고 문학작품을 기리는 조형물들을 세워서 역사적 중요성과 문화적 장대함을 기린다. 또한 바그다드 시내의 여러 거리와 지역에 역사적인 인물들이나 사건의 명칭을 붙여서 쓰고 있다. 오늘날 바그다드에서 볼 수 있는 기념물들은 대부분 1958년 혁명 이후에 제작되거나 설치된 것이다. 1958년 혁명은 바그다드의 주권이 이라크인에게 돌아온 시점으로서 이때부터 문화적 부흥의 노력이 시작되었다.

알 만수르

　티그리스 강가의 마스바 공원에 가면 바그다드를 건설한 칼리파 알 만수르(754~776재위)의 동상이 있다. 압바스 제국을 22년간 통치한 알 만수르와 현대 이라크를 24년간 통치한 사담 후세인은 1200년이 넘는 세월을 사이에 두고 있지만 통치과정의 특징에서는 비슷한 점이 많다.

　첫째, 철권통치로 유명한 독재자라는 측면에서 두 사람은 매우 흡사하다. 칼리파 알 만수르는 그가 정권을 잡은 지 얼마 되지 않아 그의 삼촌인 압둘라가 반란을 일으키자 자신의 부하인 아부 무슬림을 보내 반란을 진압하고 삼촌을 투옥시켰다. 그리고 내란진압에 성공한 아부 무슬림의 세력이 커지자 이번에는 아부 무슬림을 즉각 암살했다. 이에 대해 아부 무슬림의 추종자들이 반란을 일으키자 대규모 군대를 동원해서 그들을 살해하였다. 그는 자신의 정적이라면 혈육의 인연도 무시하고 과거 그의 정권창출에 기여한 은인도 살해하면서 왕권을 공고히 유지해 나갔다. 알 만수르는 재위 기간 중 자신의 뜻을 거스르는 사람이나 후일 정적이 될 가능성이 있는 사람은 무참히 제거했으며 간헐적으로 일어나는 반란도 강력히 진압하였다. 또한 안보불안증에 걸려서 바그다드를 요새 도시로 건설하고 지방행정을 감시하기 위해 수많은 밀사를 파견했으며 사후 자신의 무덤이 적에게 알려지지 않도록 100기의 가짜 무덤들을 마련했다.

한편 사담 후세인 역시 대통령직에 오른 후 얼마 안 되어 옛 동료였던 바트당 간부들을 사형에 처하면서 공포정치를 시작했고 후일 정치적 불화로 자신의 사위를 살해했다. 이외에도 사담 후세인이 살해한 시아파 무슬림과 쿠르드 족의 수는 셀 수가 없을 정도다. 또한 그 역시 과도한 안보불안증에 걸려 도처에 대통령궁과 별장을 건설하고 거미줄 같은 지하통로를 만들어 놓았다. 알 만수르와 사담 후세인은 엄청난 권력욕을 공통분모로 가진 닮은꼴임에 틀림없다.

둘째, 페르시아인에 대한 강한 적개심에 있어서도 알 만수르와 사담 후세인은 상당히 닮았다. 페르시아 민족 즉, 오늘날의 이란 민족은 정치, 행정, 문화적 측면에서 탁월한 능력과 업적을 지녔으며 이에 대한 자부심도 매우 크다. 비록 페르시아인들은 아랍인들의 종교와 군사력에 정복당하긴 했지만 자신들의 고유한 민족성과 언어는 그대로 간직해 왔다.

민족적, 문화적 우월감을 가진 페르시아인들은 이슬람 제국 내에서 내란 및 반정운동의 주도세력이 되어 권력쟁취를 위해 노력했다. 아랍 민족에게 모든 특권이 주어지던 우마이야 왕조 하에서 서러운 이방인의 삶을 살던 페르시아인들은 호시탐탐 반란을 일으키거나 자신들을 도와줄 수 있는 세력을 찾아다녔다. 바로 이 점을 이용해 알 압바스는 페르시아인들의 동조를 얻었으며 군사혁명을 성공시켜 압바스 왕조를 창건했다. 그리하여 압바스 왕조 초기에는 페르시아인들이 정권 깊숙이 개입하여 페르시아식의 행정제도와 통치제도를 도입하고 재상이나 군지휘관의 자리도 차지하게 되었다.

페르시아인들은 겉으로는 압바스 왕조에 충성을 하는 척 했으나 속으로는 '무식한 아랍인들이 방대한 영토를 통치하는 것은 의문'이라며 아랍인을 무시했다. 그리고 언젠가 그들이 주도권을 잡는 날을 기대하고 있었다. 더욱이 기원전부터 여러 차례 이라크 지역을 정복하여 통치했던 페르시아는 이라크 지역 탈환에 대한 야심을 버리지 못했다. 한편 압바스 왕조의 칼리파들, 특히 알 만수르는 페르시아인들의 생각을 이미 훤히 꿰뚫고 있었다. 그래서 그들을 어느 정도 활용한 후에는 '진디끄(불신자)'라는 죄목을 씌워 잔인하게 처형했다.

한편 사담 후세인이 이란에 대해 갖고 있는 적대감정도 이에 못지않았다. 그는 영토 문제를 내세워 8년간의 이란-이라크전을 치르며 이란인에 대한 적개심을 고조시켰다. 또한 이라크인구의 65%를 차지하는 시아파 무슬림이 이란의 지원을 받고 있다는 명목으로 수만 명의 시아파 무슬림을 국외로 추방하고 반정운동을 벌이는 시아파 성직자들을 처형하였다.

아랍 민족주의와 사회주의에 입각한 통치이념을 가진 사담 후세인은 이슬람주의자가 아닌 세속주의자였다. 그는 정권의 전열에 순니파 무슬림을 대거 기용함으로써 순니파 정권임을 가장하여 세속주의자인 그에 대한 시아파 성직자들의 반정운동을 종파주의 운동으로 폄하시키고, 또 그것을 시아파의 종주국 이란과 연계하여 이라크의 시아파 무슬림들과 이란을 동시에 공격했다. 1200년 전 페르시아인을 경계하고 살해했던 알 만수르와 현대에 이란인을 경계하고 이란과 전쟁을 치른 사담 후세인은 너무도 닮은 모습을 보인다.

셋째, 문화발전에 공로가 있다는 점에 있어서 두 사람은 흡사하다. 알 만수르는 인도 및 그리스, 페르시아의 역사서와 철학서, 의학서, 문학서 등을 아랍어로 번역하도록 학자들을 지원했고 문인들의 창작활동도 독려했다. 따라서 그의 시대에는 다양한 학문이 도입되고 발전했다. 문학적 측면에서 당시의 큰 수확은, 인도 기원담으로서 페르시아를 거쳐 아랍어로 번역된 동물우화 『칼릴라와 딤나』이다. 페르시아 출신의 대문호 이븐 알 무캇파에 의해 번역된 이 작품은 시문학을 중심으로 발전해 왔던 기존 아랍 문학의 흐름에 일대 변혁을 가져오며 아랍 산문문학의 새 지평을 열었다. 이렇게 문학적으로 고무된 분위기에 힘입어 후일 『천일야화』가 집대성될 수 있었고, 시인 아부 누와스가 주시(酒詩)와 연애시, 풍자시 등에서 놀라운 기량을 발휘할 수 있었다. 한편, 사담 후세인은 집권 초기에 이라크의 높은 문맹률을 감소시키고자 국민들에게 글쓰기와 읽기 시험을 실시해 상당한 효과를 거둔 공로로 유네스코로부터 상을 받았고 자식을 초등학교에 보내지 않는 부모는 징역형에 처하는 제도를 마련해 국민의 교육수준을 향상시켰다.

그러나 두 사람은 문화적 측면에서 상반된 평가를 받기도 한다. 알 만수르는 재위기간 내내 문화발전에 힘을 쏟아 후대 통치자들에게도 그 전통을 물려준 반면 사담 후세인은 집권 초기에 잠시 교육수준 향상에 노력을 기울였으나 이란-이라크

전과 걸프전에 광분하면서 결국 이라크인의 삶과 문화의 수준을 수십 년 전으로 후퇴시켰기 때문이다.

함무라비 왕

'눈에는 눈, 이에는 이'라는 동태복수법으로 잘 알려진 함무라비 왕(기원전 1792~1750 재위)의 법전비는 하이파 거리 중앙에 우뚝 서서 인간사회와 법, 그리고 정의에 대한 화두를 던지고 있다.

함무라비는 바빌론 왕국의 제6대 왕으로서 가장 훌륭한 고대법전의 편찬자인 동시에 역량 있는 행정가, 강력한 통치자로서 높이 평가받고 있다. 그가 바빌론 왕으로 즉위했을 당시 메소포타미아 지역은 아시리아, 라르사, 에시눈나 등 여러 왕국으로 분열되어 각 왕국은 치열한 영토전쟁을 벌이고 있었다. 그는 42년간의 재위기간 중 약 30년간은 내정에 충실하며 국력의 기반을 다졌고 정치적, 군사적 동맹국들과 외교관계를 돈독히 유지했다. 즉위 31년째부터는 본격적으로 국외에 시야를 돌려 정복사업을 시작했다. 우선 남부 메소포타미아 지역의 라르사를 함락시킨 뒤 마리와 에시눈나를 차례로 정복했고 아시리아와 합병했다. 그리고 아시리아 서북쪽의 수바르트 왕조를 함락시킴으로써 즉위 39년째에 메소포타미아 전역을 통일하고 이것을 바빌로니아라 칭했다.

그는 통일을 이룩한 뒤 정복지에 총독을 파견하고 관료기

구를 재정비하며 중앙집권적 통제를 강화시켜 나갔다. 지방 총독에게는 행정적인 권한만 부여하고 사법이나 재정에 관한 권한은 허용하지 않았다. 따라서 지방의 법정에는 왕의 대리 재판관을 직접 파견하여 왕의 이름으로 중앙정부의 법률조항에 따라 판결을 내리게 함으로써 메소포타미아 전 지역을 동일한 법률체계로 다스렸다.

그리고 그는 종교적 숭배대상도 일원화시킴으로써 백성들로 하여금 정신적 일체감을 갖도록 했다. 당시에는 자연의 생명력을 신격화시켜 각 왕국마다 숭배하는 신들이 있었는데 함무라비 왕은 자신의 원래 통치지역이던 바빌론의 수호신 마르둑을 국가의 수호신으로 정했다. 그리고 마르둑을 최고신으로 하여 이슈타르 여신과 탐무즈 신을 함께 숭배하도록 했다.

그가 편찬한 법전은 그보다 앞선 시대인 우르 제3왕조의 우르남무 법전과 이신 왕조의 리피트이시타르 법전, 그리고 에시눈나 왕조의 비라라마 법전 등을 참고한 것으로서, 인류 법제사의 중요한 자료이며 당시의 생활상을 나타내는 귀중한 문헌이다. 검은 섬록암으로 된 법전비의 상단에는 정의의 신이며 태양신인 샤마시가 왕좌에 앉아 있고 그 앞에 함무라비 왕이 공손히 서 있는 모습이 새겨져 있다. 하단에는 3천 행에 이르는 서문, 본문, 기원문이 설형문자인 아카드 어로 새겨져 있다.

서문에는 그가 정의의 신 샤마시로부터 법전을 받은 이유가 지상의 정의를 구현하기 위한 것이라는 목적이 명시되어 있다. 서문은 분량이 매우 많은데, 이는 메소포타미아 지역의 글쓰기 관습을 잘 보여준다. 메소포타미아 지역, 즉 오늘날 중동 지역의 고대 역사서나 문학서에서도 이러한 형식이 나타나는데 일반적으로 서문과 본문의 비율은 1:3 정도이다.

본문은 282개의 법률조항으로 구성되어 사회의 다양한 문제와 범죄에 대한 규정을 명시하고 있다. 소송법을 비롯해서 절도죄, 유괴죄, 강도죄, 군사에 관련된 사항, 농토 및 관개, 집의 임대, 상인과 그의 고용인에 관한 사항, 술집, 채권 및 채무, 결혼 및 가족, 싸움과 상해에 관련된 사항, 선박의 운행에 관한 사항, 피고용인에 대한 임금문제, 노예와 관련된 문제들로 본문이 구성되어 있다.

이 법률조항 중 가장 많은 부분을 차지하는 것은 결혼 및 가족에 관련된 내용이다. 이 부분에는 결혼지참금, 이혼, 상속, 간통 등에 관한 규정이 상세히 명시되어 있다. 기원전 18세기에 이미 결혼과 관련된 상세한 규정들이 명시된 것을 보면 메소포타미아인들이 결혼생활과 가족관계를 삶의 중요한 토대로 인식하고 있었음을 엿볼 수 있다. 그들의 후손인 이라크인들 역시 가족을 사회의 가장 신성한 기본단위로 여기고 있다. 그래서 처음 만난 사람끼리도 스스럼없이 서로의 가족에 대해서 상세히 묻고 그 과정에서 쉽게 친해진다.

이라크인들은 '가족'의 인연이 시작되는 '결혼'은 남녀간의 애정의 결실이라기보다는 인간과 인간 간의 신뢰의 표시이며 사회적 유대라고 생각하고 있다. 그러므로 그들은 상대방을 신뢰하거나 상대방과 가까워지고 싶을 때 '결혼'과 관련된 표현을 많이 쓴다. 예를 들어, 손아랫사람이 마음에 들면 "사위(며느리)로 삼고 싶다."라고 말하며 동년배끼리 가까워지면 "사돈 합시다.", 손윗사람이 존경스러울 땐 "내가 당신의 사위가 되면 어떻겠느냐?"고 말한다.

함무라비 법전의 기본정신은 사회정의실현과 약자에 대한 보호이다. 사회정의실현은 철저한 응보형에 입각한 동태복수법으로 표현된다. 이 법은 상해죄와 관련된 조항에서 잘 나타난다. 예를 들어 '남의 눈을 멀게 한 가해자는 눈을 잃는 형벌을 받는다.''남의 이를 부러뜨린 가해자는 이를 잃는 형벌을 받는다.''집을 부실하게 지어 집이 붕괴되고 인명피해를 내면 건축업자는 사형에 처해진다.' 등이 그것이다. 오늘날의 시각에서 보면 매우 원시적으로 보이지만 당시의 사회규율을 유지하는 데는 응보와 복수가 자연스러운 방법이었음을 알 수 있다. 결국 함무라비 왕은 '보복'에 입각한 백성들의 법감정 및 보복관습에 대해 국가 차원의 기준을 마련한 것이다. 그는 국가가 성문법에 입각하여 보복의 방법과 수위를 정할 때 개인적인 근친복수 및 복수의 악순환을 막을 수 있다고 여겼다. 고대 메소포타미아인들의 법사상은 오늘날 이슬람 국가의 법에서 재현되고 있다. 이슬람교 율법은 동태복수법을 기초로 하고 있어서 범죄형태에 따라서 오늘날도 손발절단형이나 투석형 등이 실행되고 있다.

함무라비 법전의 또 하나의 특징은 사회적 약자에 대한 철저한 보호정신이다. 법전 후반부의 기원문에는 '……약자가 강자로부터 피해를 입지 않도록, 그리고 고아와 미망인이 사회에서 소외되지 않도록……'의 구절이 있다. 이 구절은 메소포타미아 지역에서 일찍이 사회정의 구현을 위한 법치주의 사상이 존재했음을 시사한다. 아울러 미망인과 고아의 생계문제가 사회적 문제로 대두된 배경에는 전쟁의 빈발과 그로 인한 남성전사자의 증가 및 여성인구의 초과현상이 있었을 짐작할 수 있다. 또한 여성에게는 경제적 자립능력이 주어지지 않던 고대사회의 일면을 볼 수 있다. 따라서 여성인구의 초과현상과 여성의 경제적 무능력은 일부다처제를 초래했고, 이 제도는 약자를 위한 사회보장의 일환으로 정착되었다. 이러한 사회 현상이 지속되는 가운데 남성들의 권한은 점차 강화되었고 그것이 때로는 무자비한 횡포로 발전되었다.

여기서 이슬람교의 일부다처제의 본질을 이해할 수 있다. 이슬람교가 아라비아 반도에서 창시된 것은 서기 622년으로서 당시 메소포타미아 지역과 아라비아 반도 지역에서는 일부다처제가 만연해 있었다. 남성들이 열 명이 넘는 아내를 두는 경우도 있었고, 여러 명의 아내와 동시에 결혼하는 경우도 있었으며, 결혼 후 가족부양의 의무를 지키지 않는 경우도 흔했다.

이러한 혼란한 사회체제를 정비하고자 이슬람교의 창시자 무함마드는 한 남자가 결혼할 수 있는 아내의 수를 네 명으로 제한시켰고, 동시에 두 명 이상의 아내와 결혼할 수 없도록 했다. 또한 새 아내를 얻을 때는 기존 아내의 동의를 반드시 얻도록 규정했고, 아내들을 한 울타리 안에서 공동거주시키며 이들에 대해서 정신적으로나 물질적으로 공평한 대우를 하도록 했다.

그런데 의문이 남는 것은 무함마드가 왜 아내의 수를 네 명까지 허용했는가 하는 점이다. 만일 처음부터 일부일처제를 법제화했더라면 오늘날 이슬람교가 일부다처제로 인하여 받는 비난을 면할 수 있었을 것이다. 이에 대해 많은 문헌들은, 무함마드가 그의 급격한 사회개혁이 가져올 파장을 줄이고 당시의 여성인구 초과현상도 고려했던 것으로 전하고 있다.

한편, 함무라비 법전비의 사본은 이라크 국립박물관에 소장되어 있고 진품은 프랑스 루브르 박물관에 있다. 이 석비는 기원전 12세기에 엘람 인들이 전리품으로 가져와 보관했던 것으로 전해지고 있으며, 1901년에 프랑스인에 의해 처음 발견되었다.

네브가드네제르 2세

사담 후세인의 사표(師表)

사담 후세인의 암시적인 닮은꼴이 칼리파 알 만수르였다면 그가 명시적으로 닮고자 희망했던 인물은 신바빌로니아 왕국의 네브가드네제르 2세(기원전 605~562)였다. 사담 후세인 통치시절의 바그다드 시내에서는 사담 후세인과 네브가드네제르 2세가 함께 그려진 대형그림이 여러 군데에 걸려 있었고, 사담 후세인은 자신이 네브가드네제르 왕을 존경한다고 공개적으로 밝힌 바 있으며 실제로 신바빌로니아 왕국의 수도 바

이슈타르 성문.

빌론의 복원사업을 벌였다.

그는 왜 역사 속의 많은 통치자 중에서 네브가드네제르 왕을 그의 사표로 삼은 것일까? 그것은 아랍 민족주의와 사회주의에 입각한 그의 세속주의적 통치이념 때문이다. 사담 후세인은 이슬람이 아닌 아랍 민족주의로써 전 아랍을 통합하고 자신이 아랍 세계의 맹주가 되길 꿈꿔왔다. 그런 면에서 네브가드네제르 왕은 이슬람 이전시대인 다신교 시대의 왕으로서 메소포타미아 지역을 통일하고 예루살렘까지 원정한 위대한 정복자였을 뿐만 아니라 바벨탑과 공중정원 등 세계적 문화유산을 이룩해 놓았다. 사담 후세인은 1979년 대통령직에 오른 후 바빌론 유적지의 복원 사업에 착수했다.

바빌론 유적지는 바그다드에서 남쪽으로 약 100km거리에 떨어진 곳으로서 유적지 입구에 들어서면 짙은 남색의 성문이 가장 먼저 눈에 띈다. 이것은 전쟁의 여신 이슈타르에게 바쳐진 봉헌물로서 성문의 양 옆에는 각각 한 쌍의 거대한 탑이 있다. 짙은 남색의 성문과 탑은 모두 가마에서 구운 벽돌을 역청으로 붙여서 쌓은 것이며 표면에는 황소와 용이 황금색으로 그려져 있다. 그러나 이 성문은 진품이 아니라 진품을 2/3크기로 축소한 모형이고, 진품 '이슈타르의 성문'은 현재 베를린 국립박물관에 소장되어 있다.

이슈타르 성문을 통해 안으로 들어가면 개선행진로가 나오는데, 이 행진로의 벽에는 여러 동물을 합성한 상상의 동물이 양각되어 있다. 이 동물을 가만히 보면 용의 머리에 기린의 몸체, 뱀의 꼬리를 갖고 있으며 앞발은 사자의 발이고 뒷발은 독수리의 발을 갖고 있다. 너무 자연스럽게 합성해 놓아 웬만한 관찰력으로는 어디까지가 용의 모습이고 어디부터가 기린의 몸체인지 구별하기 힘들다.

개선행진로를 지나 안쪽으로 들어가면 복원 중인 네브가드네제르 왕의 왕궁터가 나온다. 새로 쌓은 것으로 보이는 성벽 하단에는 이 유적의 복원을 주도한 사담 후세인에 대한 치적이 기록되어 있다. '이라크의 대통령이며 이라크의 영도자인 사담 후세인 시대에 역사의 도시 바빌론의 재건이 이루어지다. 1989년' 사담 후세인의 통치이념과 야망이 서려 있는 이 문구에서 현대판 네브가드네제르 왕이 되어 아랍 세계를 다스리고자 했던 그의 야심이 드러난다. 그는 바빌론 유적지를 한눈에 조망할 수 있는 언덕에 웅장한 별궁까지 지어놓고 옛 바빌론의 영광과 네브가드네제르 왕의 위업이 자신을 통해서만 부활될 수 있음을 과시했다.

바벨 탑과 공중정원

바빌론은 신의 문(Bab Ili)이라는 뜻을 갖고 있다. 원래 이 문은 바빌론의 최고신 마르둑의 성역 입구에 세워진 문이었다. 이 성역 안에는 '하늘과 땅이 맞닿는 곳'이라는 의미를 가진 높은 지구라트가 있었다. 이 지구라트의 기저부는 가로와 세로가 각각 90m인 정사각형이고, 높이는 90m에 이르렀다. 이것이 바로 하나님의 노여움을 산 바벨 탑(바빌의 지구라트)이다. 하나님은 하늘까지 올라오려는 인간의 욕심에 분노해서 더 이상 탑을 쌓을 수 없도록 공사에 참여한 사람들끼리 말이 안 통하게 했고, 이것을 계기로 지상의 모든 민족은 각기 다른 언어를 쓰게 되었다. 구약성서에 나오는 이 이야기는 바빌론에 포로로 잡혔던 유대인들이 높은 지구라트를 보면서 회자시켰던 것으로 전해진다.

바벨 탑과 더불어 바빌론의 또 다른 유적은 세계 7대 불가사의 가운데 하나인 공중정원이다. 이 공중정원은 네브가드네제르 2세가 왕비 아미티스를 위해 건설한 것이다. 시원한 고원지대 출신이라서 더위에 약한 왕비를 위해 그는 두꺼운 벽돌 벽으로 직사각형 모양의 궁전을 짓고 아치형의 지붕을 올렸다. 그리고 궁전 옥상에 흙을 쌓아 갖가지 꽃과 나무를 심고 땅에서 물을 끌어 올려 분수대를 설치했다. 풀 한포기 나지 않는 사막 한가운데서 옥상으로 물을 끌어 올려 생명이 넘치는

복원 중인 네브가드네제르 왕의 왕궁터.

정원을 건설했으니, 그야말로 '하늘에 걸려 있는 정원'이었다.

바그다드 타워와 사담 후세인 사원

사담 후세인의 통치시절엔 바그다드 시내 어디를 가든 그의 초상화와 동상들이 있었다. 공공건물은 물론이고 주요 거리, 호텔의 외벽과 로비, 식당 등 어디에든 존재했다. 주요 유적이나 모스크에까지 걸린 그의 초상화의 위력은 유적의 역사적 가치와 모스크의 신성함마저도 압도할 정도였다.

그러나 이 정도로도 부족했는지 바그다드에는 아예 사담 후세인의 이름을 지닌 거대한 두 개의 건축물이 있었다. 사담 후세인 타워와 사담 후세인 사원이 그것이다. 사담 후세인 타워는 사담 후세인 정권이 붕괴된 후 바그다드 타워로 개명되었고, 사담 후세인 사원은 그 명칭에서 사담 후세인의 이름이 빠지긴 했지만 어떤 명칭으로 대체되었는지는 알려지지 않았다.

시내중심가에 우뚝 솟은 바그다드 타워는 걸프전 때 미군의 폭격을 받아 파괴되었다가 1994년에 재건되었다. 높이가 107m에 이르는 전망대에선 바그다드 전경이 한 눈에 들어온다. 잘 정비된 거대한 도시를 보면 일찍이 메소포타미아 문명의 중심지였고 한동안 세계를 제패했던 이슬람 제국의 수도로서의 위용이 느껴진다.

바그다드 타워의 전망대에서 내려다 볼 때 가장 먼저 눈에 띄는 것은 건설 중인 사담 후세인 사원이다. 대략 2013년에 완공될 예정이라는 이 사원의 규모는 대단하다. 약 4만 5천 명을 수용할 수 있는 면적이며, 높이가 150~200m에 이르는 미나렛(첨탑)이 8개나 된다. 1996년 사담 후세인이 이슬람을 통해서 국민을 단합시키고자 '종교개혁'을 단행하면서 시행한 이 사업은 막대한 재원의 투입으로 이라크 경제를 더욱 어렵게 한 요인 중 하나이다.

자유기념비

바그다드에는 정치적 사건을 기념하거나 정치이념을 강조하는 조형물들이 많다. 대표적인 것이 1958년 혁명을 기념하는 '자유기념비'이다. 알 타흐리르 광장 중앙에 위치한 '자유기념비'는 1958년 7월 14일 혁명을 기념한다. 이 기념일은 수십 년간 영국의 대리자 역할을 해온 왕정을 붕괴시키고 이라크인들이 주권을 찾은 날로 높이 평가된다. 14개의 동판주조물

자유기념비.

로 이루어진 대형부조에는 혁명을 유발한 사건들, 혁명장면, 혁명 후의 평화로운 삶 등이 오른쪽에서부터 왼쪽으로 시간적 순서에 따라 묘사되어 있다. 이라크 미술가 자와드 살림이 고대 아시리아와 바빌로니아의 대형부조 기법과 현대적 감각을 조화시켜 제작한 이 기념비에는 자유, 평화, 번영을 추구하기 위해 이라크인들이 벌인 투쟁정신이 상징적으로 묘사되어 있다.

이 혁명을 기념하는 상징물은 티그리스 강의 구름다리 부근에도 있다. 그것은 '7월 14일 기념비'로서 혁명의 성공을 위해 보여준 이라크 군인들의 용기와 결단력이 잘 표현되어 있다. 이 기념비에는 다섯 명의 병사들이 묘사되어 있는데 그중 네 명의 병사들은 깃발을 휘날리며 승리를 향해 돌진하고 있고, 한 명의 병사는 장렬하게 최후를 맞는 모습이다.

현대 정치사의 분수령 : 1958년 7월 14일 혁명

이라크는 1921년 영국의 보호령이 되면서 입헌군주제가 실시되었다. 영국은 파이잘 왕을 옹립하여 내세운 후 이라크를 통치하였으며, 1932년에 이라크가 명목상의 독립을 한 후에도 그 영향력을 계속 유지했다. 1958년 7월 14일에 압둘 카림 까심이 이끄는 자유장교단은 혁명을 일으켜 왕정을 타도하고 이라크 공화국의 성립을 선포함과 동시에 영국 제국주의의 지지를 받는 부패세력의 청산을 공표했다. 왕정 당시의 권력자들은 특별법정에서 재판을 받고 투옥되거나 처형되었으며, 바그다드의 파이잘 거리는 자말 압두 나세르 거리로 개명되었다.

이라크 현대 정치사에서 가장 큰 분수령이 된 이 사건은 사회구조의 개혁과 대외정책의 변화를 수반했다. 새로운 정부가 단행한 토지개혁의 결과로 대지주와 상인계층의 세력이 약화된 반면 중산층은 증가했다. 그리고 이농현상과 도시집중화현상이 가속화되면서 바그다드와 바스라에 인구가 집중되어 불과 1~2년 사이에 바그다드에서는 약 71%, 바스라에서는 약 41 %의 인구가 늘어났다.

한편 1961년에는 석유국유화를 선언했으며, 대외적으로는 쿠웨이트가 이라크의 영토임을 주장했다. 오스만 터키 시대에 쿠웨이트는 바스라의 일부였으나 영국의 개입으로 이라크와 분리되었다고 주장한 것이다. 이것이 외교적 마찰을 초래하여 이라크는 쿠웨이트를 비롯한 미국, 일본, 이란 등과 외교관계를 단절하게 되었다.

대내외적으로 강력한 개혁을 추구하던 새 정부는 수립된 지 5년 만인 1963년 8월에 바트당이 이끄는 쿠데타로 무너지고 압둘 카림 까심은 처형되었다. 1958년의 혁명은 이라크 현대화와 개혁의 발판을 마련한 계기로서 진정한 주권회복과 자유를 상징하며 이라크 발전의 토대로 여겨지고 있다.

『천일야화』의 고향

샤흐리야르 왕과 샤흐라자드 왕비

인류가 탄생시킨 이야기 문학의 보고(寶庫)로서 많은 이들의 가슴에 낭만과 신비를 선사한 『천일야화(일명 아라비안나이트)』의 고향 바그다드에는 작품의 탄생을 기념하는 조형물이 있다. 우선 낭만과 여유가 흐르는 아부 누와스 거리에는 샤흐라자드 왕비가 샤흐리야르 왕에게 이야기를 들려주는 모습이 재현되어 있다.

천하룻 밤 동안 펼쳐진 흥미롭고 진지한 이야기의 발단은 샤흐리야르 왕의 여성혐오증에서 비롯된다. 어느 날 왕비와 후궁들의 음행현장을 목격한 샤흐리야르 왕은 분노를 이기지 못하고 그녀들을 모두 처형한다. 그의 극심한 분노는 모든 여성들에 대한 복수로 이어져서 그는 매일 밤 처녀를 맞아들여 동침을 하고 난 후 다음날 아침에 죽인다.

이러한 일이 3년간 계속되자 도성 안에는 더 이상 처녀가 남지 않게 되었고 왕에게 매일 처녀를 구해서 바치는 임무를 맡았던 대신은 심각한 고민에 빠지게 된다. 이를 눈치챈 대신의 딸은 자신을 왕에게 보내달라고 대신에게 간청한다. 그녀가 바로 샤흐라자드이다. 대신은 노발대발하며 딸 샤흐라자드를 만류하지만 그녀의 고집을 꺾지 못했고, 샤흐라자드는 입궁하여 샤흐리야르 왕에게 가까이 간다. 그리고 왕과 동침한 후 하염없이 눈물을 흘린다. 왕이 그 이유를 묻자 그녀는 집에 두고 온 여동생이 보고 싶어서 운다고 대답한다. 그러자 왕은 그녀의 여동생 두냐자드를 불러온다. 왕의 침실에 들어온 두냐자드는 심심하다며 언니에게 이야기를 해달라고 조른다. 그래서 샤흐라자드는 재미있는 이야기를 시작하는데 이것이 천하룻 밤 동안 이어지는 이야기의 서막이다.

샤흐라자드는 이야기 솜씨도 뛰어났지만 이야기를 마치는 시점에서도 훌륭한 능력을 발휘했다. 그녀는 이야기의 줄거리가 한창 무르익을 무렵에 멈추고서 나머지 이야기는 다음날 계속하겠다고 말했다. 그녀의 이야기 솜씨에 감동한 샤흐리야르 왕은 그녀의 이야기를 다 들을 때까지는 절대 죽이지 않겠다고 맹세한다.

천하룻 밤의 이야기가 펼쳐지는 동안 샤흐리야르 왕과 샤흐라자드 사이에는 세 명의 아들이 태어나고 샤흐라자드는 왕에게 자신의 목숨을 살려달라고 부탁한다. 왕은 그녀의 요청을 수락하고 정식 왕비로 맞아들인다. 그리고 신하들을 불러 자신과 왕비 사이에 있었던 자초지종을 상세히 기록하라고 명령한다. 신하들이 왕의 뜻을 받들어 자초지종을 기록한 후 그 제목을 '천하룻 밤의 이야기'라고 붙인다.

지금까지 언급한 사연은 『천일야화』의 이야기 구도와 전개를 위해 도입된 '틀'로서 허구이다. 고대 및 중세의 중동지역의 산문문학은 이야기 전개를 위해 이와 같이 독특한 '틀' 또는 '액자형식'을 도입하는 특징을 갖고 있다. 비록 허구의 인물이기는 하지만 샤흐라자드는 중동지역에서 지혜의 상징이자 여성의 귀감이 되는 전설적 인물로 받아들여지고 있다. 그녀는 현명한 판단과 행동으로 스스로의 목숨을 보전했을 뿐만 아니라 도성 안의 많은 처녀들의 목숨까지 구한 영웅이었다. 이처럼 여성이 문학작품의 주인공이 되고 영웅으로 여겨지는 경우로는 중동지역 문학 전체를 통해 볼 때 『천일야화』가 유일하다.

전통적으로 남성위주의 사회인 중동에서 모든 문학작품의 주인공은 남성이 차지해 왔던 점에 비추어 보면 매우 이례적인 일이다. 샤흐라자드를 필두로 『천일야화』 속의 많은 이야기들에서는 지혜롭고 현명한 여성들이 등장하는 반면, 남성들은 나약하고 어리석은 존재로 대비되어 등장한다. 이러한 근거로 최근 서구의 중동학계에서는 『천일야화』가 민중설화가 아니라 여성작가에 의해 창작된 작품이라는 학설까지 조심스레 제기되고 있다. 중동지역에서 무려 700~800년 동안 민중 사이에서 회자되며 형성된 설화인 『천일야화』가 여성작가의 창작일 수도 있다는 매우 파격적인 학설은 이 작품 전체를 관통해서 흐르는 훌륭한 여성들의 활약상을 짐작케 한다. 『천일야화』의 기원 및 형성시기에 관해서는 다양한 학설이 있지만 인도 설화가 페르시아를 거쳐 아랍으로 유입된 후 발전되었다는 학설이 가장 유력하다. 서기 9세기경에 아랍으로 유입된

이 작품은 16세기까지 민중 사이에서 성장하고 전파되었으며 이야기의 소재와 배경에 따라 페르시아 단계, 바그다드 단계, 이집트 단계 등의 세 단계로 구분된다.

페르시아 단계의 이야기는 서기 9~10세기에 형성된 것으로서 아랍어로 번안된 페르시아 이야기 혹은 페르시아적 소재를 담고 아랍어로 형성된 이야기들이다. 바그다드 단계의 이야기는 서기 10~12세기에 바그다드를 배경으로 형성된 것으로서 우리에게 익히 알려진 「신드바드의 모험」 「알라딘과 요술램프」 「알리바바와 40인의 도둑」 등 매우 흥미로운 작품들이 포함된다. 이집트 단계의 이야기는 서기 12~16세기에 이집트를 배경으로 형성된 것으로서 공상적인 이야기들이 많다.

열려라 참깨

알리바바 광장에 가면 『천일야화』에 실린 「알리바바와 40인의 도둑」 이야기의 한 장면이 조형물로 표현되어 있다. 알리바바의 여종 카흐라마나가 40명의 도둑이 숨어 있는 항아리에 뜨거운 기름을 붓는 장면이다. 영리한 여종의 기지로 위기를 모면한 알리바바의 이야기는 '열려라 참깨'라는 주문과 함께 우리에게 잘 알려진 교훈담이다.

「알리바바와 40인의 도둑」 이야기는 한국의 흥부전과 흡사하게 욕심 많고 부유한 형과 착하고 가난한 동생의 상황 설정으로 시작된다. 어느 날 동생 알리바바가 산에 나무를 하러 갔던 길에 우연히 도적떼가 보물을 숨겨둔 동굴을 발견했고

지혜로 도적들을 죽인 카흐라마나.

그 동굴의 문을 여는 주문이 '열려라 참깨'라는 것도 알게 되었다. 그 덕분에 많은 양의 금은보화를 가져올 수 있었고 이를 시샘한 그의 형은 도둑들의 동굴에 갔다가 문을 여는 주문을 잊어버려 그곳에서 나오지 못하고 도둑들에게 들켜서 살해된다. 도둑들은 여기서 멈추지 않고 알리바바까지 죽이려고 온갖 방법을 동원하다가 기름장수로 변장해 그의 집에 찾아온다. 그러나 다행히도 알리바바의 여종인 카흐라마나가 도둑들의 계략을 알아차리고 그들이 숨어 있는 항아리에 뜨거운 기름을 부어 모두 죽인다. 그러고 나서 알리바바와 두목이 식사를 하고 있는 방으로 가서 멋진 칼춤을 추다가 그 칼로 두목의 목을 내리친다. 그녀의 기지 덕분에 알리바바는 목숨을 건지고 동굴 속의 보물들까지 가져다가 부자로 살게 되었다.

이 이야기의 절정은 카흐라마나가 끓는 기름을 항아리에 부어 도둑들을 죽이는 대목으로, 번뜩이는 지혜와 당찬 용기가 독자들의 마음에 깊은 인상을 남긴다. 이 이야기는 아동들을 위한 교훈담으로서 널리 알려져 있으면서 『천일야화』의 대표작으로 통하기도 한다. 『천일야화』에는 이 이야기 외에 270여 편의 이야기들이 담겨져 있고 모든 이야기들이 반전에 반전을 거듭하여 기상천외한 사건들을 다루면서 인간이 지닌 상상력의 한계에 도전한다.

아부 누와스

사랑과 술의 시인

바그다드 시내를 굽이쳐 흐르는 티그리스 강에는 여러 개의 다리가 놓여 있다. 이 가운데 줌후리야 대교와 7월 14일 구름교 사이의 강변을 따라 쭉 뻗은 거리가 아부 누와스 거리이다. 이 거리의 중앙에는 아부 누와스 동상이 세워져 있다.

아부 누와스는 이슬람 압바스 시대의 시인으로서 당시의 칼리파였던 하룬 알 라시드의 궁정시인이며 술친구로서 연애시와 주시의 대가이다. 그는 이슬람 사회에서 금기시되는 주제인 여인에 대한 애정과 술을 주제로 자유롭고 거침없는 노래를 읊던 풍류객으로서 『천일야화』에 자주 등장한다. 아부 누와스는 칼리파 하룬 알 라시드와 함께 술을 마시면서 칼리파가 흠모하는 여성의 아름다움과 그의 연정을 시로 읊어주는 역할을 맡았다. 『천일야화』에 실린 그의 시는 실제로 그가 지은 시가 아니고 그의 이름을 빌려서 넣은 것이기는 하지만 그의 시 경향과 너무나도 일치하는 특성을 보여 놀랍다.

아랍의 설화는 작품의 품격을 높이면서 사실성을 강조하

기 위해 역사 속의 실존인물을 작품 속에 등장시키는 특징을 띤다. 가장 대표적인 예가 칼리파 하룬 알 라시드와 그의 대신 자으파르, 그리고 그의 궁정시인 아부 누와스이다. 역사적 사건들과 실존인물들을 허구 속에 등장시키는 관습과 기법은 전통적으로 그 가치가 폄하되어 온 이야기 문학의 단점을 보완하려는 보수적인 문학관에서 비롯되었다. 아부 누와스가 연애시를 쓰게 된 원인으로 그의 여종이었던 '지난'에 대한 짝사랑이 큰 작용을 했다. 그녀를 향한 연모의 정과 실연의 아픔은 그로 하여금 애절한 시를 읊게 했다.

> 사랑에 빠진 사나이 괴롭구나.
> 세상의 즐거움이 그를 조롱하나니
> 목 놓아 울어 마땅하다.
> 연모의 정은 결코 가볍지 않으니
> 슬픔의 씨앗이 사라지는가 싶더니
> 그녀로부터 또 다른 슬픔의 씨앗이 몰려오네.
> 그녀는 즐겁게 웃고 있지만
> 내 마음은 타들어간다오.
> 그녀는 수척해진 내 모습에 놀라지만
> 내가 살아 있음이 오히려 기적 아니오?

아부 누와스는 서기 762년에 이라크 남부의 바스라에서 태어나 서른 살이 될 때까지 그곳에서 살았다. 아버지를 일찍 여

의고 자유분방한 어머니 밑에서 불우한 청년기를 보내면서 그는 전통과 겉치레를 거부하고 예술과 향락에 탐닉하는 자유로운 삶을 선택했다. 서른 살을 조금 넘긴 나이에 바그다드에 와서 당시의 재상들에게 칭송시를 바치면서 권력층과 가까워지게 되었고 그 과정에서 통치자 칼리파 하룬 알 라시드를 알게되었다.

그는 하룬 알 라시드에게 칭송시를 바쳐 신임을 얻고 그의 술친구가 되어 절친하게 지내지만 지나치게 방탕한 생활과 종교적 방종으로 후일 투옥되는 시련을 겪는다. 감옥에서 나온 후 몇 년이 지났을 때 그와 절친했던 아민이 칼리파 위에 오르자 아민의 궁정시인이 되어 행복한 나날을 보낸다. 그러나 2년이 지난 후 아민이 그의 동생 마으문과의 권력투쟁에서 패배하자 아부 누와스의 행복했던 시절 역시 막을 내리게 된다. 그는 낙향하여 젊은 시절의 방탕함을 반성하며 금욕적인 생활을 하다가 54세를 일기로 세상을 떠났다.

아부 누와스는 아랍의 거칠고 단순한 유목문화양식보다는 부드럽고 섬세한 페르시아 문화양식이나 그리스 문화양식에 심취했던 사람이다. 풍요롭고 사치 풍조가 만연했던 당시의 사회상은 그가 술을 찬미할 수 있는 좋은 여건을 제공했다. 아랍이슬람 세계의 이태백이라 할 수 있는 아부 누와스의 시에서 술은 삶의 고뇌와 비애를 치유하는 수단으로 묘사되었다.

아부 누와스는 연애시와 주시의 대가로 알려져 있으나 통치자에 대한 칭송시, 원수나 적에 대한 풍자시, 죽은 자에 대한 애도시, 금욕 생활을 읊은 금욕시 등에 있어서도 주옥 같은 작품을 남겨서 이라크인들을 비롯한 아랍인들에게 가장 친근한 시인이다.

아부 누와스 거리

아부 누와스는 여유와 낭만의 대명사로 통한다. 그의 이름을 따라 지은 아부 누와스 거리에는 자유롭고 낭만적인 시적 정취가 넘친다. 수많은 카페가 줄지어 있고 카페마다 사람들로 붐빈다. 바그다드의 카페들은 실내뿐만 아니라 노천에도 테이블을 놓았다. 이곳의 대부분의 고객은 중년남성들이다. 남성들은 이곳에 모여서 의견을 교환하고 여론을 형성한다. 모스크 다음으로 사람들이 많이 운집하는 장소인 카페는 사회적 현안의 토론장이 되기도 하고 새로운 사상이 보급되는 통로 역할을 하기도 한다. 마치 파리의 카페들이 자유인본사상의 보급처가 되어 프랑스의 사상적 혁명을 가능하게 했듯이 바그다드의 카페들 역시 사회적으로 중요한 기능을 해왔다. 남성들은 카페에서 세상 돌아가는 소식을 접하고 친구도 사귀고 정치적 억압과 경제적 빈곤에서 비롯된 분노를 발산했다.

바그다드에 최초로 카페가 생긴 것은 오스만 터키 시대인 1586년이다. 무스탄시리야 대학 뒤편에 처음으로 카페가 탄생한 후 티그리스 강가에 하나가 생겼고 그 후에는 사람들이 많이 모이는 거리나 광장, 시장, 동네 등에 생겼다. 노천카페의 테이블 위에 아랍커피를 한 잔 놓거나 설탕이 듬뿍 담긴 차를

한 잔 놓고서 이따금씩 물담배 나르킬라의 연기를 허공으로 뿜어내는 남성들의 모습은 한가롭기 그지없다. 하지만 이러한 자유로운 풍경은 1991년 걸프전 이후 불어 닥친 경제봉쇄 및 1996년 사담 후세인이 단행한 종교개혁 이후 완전히 자취를 감추었다.

아부 누와스 거리에 아직 남아 있는 풍경은 장작불 위에서 마스쿠프를 굽는 모습이다. 마스쿠프는 티그리스 강에서 잡아 올린 잉어를 등을 잘라 편 후 내장을 제거하고 불에 구운 것으로서 바그다드를 대표하는 고유한 요리이다. 아부 누와스 거리에 마스쿠프를 굽는 냄새와 아랍커피의 진한 향과 나르킬라의 연기가 자연스럽게 어울리는 날, 바그다드 사람들은 옛 시인이 선사한 여유를 다시 누리게 될 것이다.

시인의 도시

이라크인들을 비롯한 아랍인들은 전통적으로 시문학을 즐기며 시인을 초능력자, 부족의 수호자로 숭상했다. 언어의 위력을 신봉하는 아랍인들은 시인이 적에게 퍼붓는 비난의 시가 칼이나 창보다 강한 힘을 지녔고, 자기 부족의 장점을 찬양하는 시가 실제로 승리와 번영을 가져온다고 생각하여 시인을 언어의 마법사로 추앙하였다. 또한 전장에서 죽은 투사를 추모하는 애도시는 망자의 넋을 충분히 위로한다고 믿었다. 오늘날까지 아랍의 고전시에 대한 아랍인들의 열정과 자부심은 대단하며 아랍의 현대시는 주제와 형식면에서 고전시의 토대 위에서 발전하고 있다. 이라크인들을 포함한 모든 아랍인들에게 있어서 시는 예술이라기보다 생활의 일부분이라고 할 수 있다.

예언자를 자칭했던 시인, 알 무타납비

중세 아랍의 가장 유명한 시인으로 꼽히는 알 무타납비를 기리는 동상은 바그다드 시내의 두 곳에 있다. 하나는 마스바 공원에 있는 석조상으로서 현대 이라크 조각가 압둘 라흐만 가일라니에 의해 1968년에 세워진 것이며 또 하나는 국립도서관 광장에 세워진 동상으로서 이라크 조각가 무함마드 가니에 의해 1978년에 세워진 것이다.

알 무타납비는 이라크 중부도시 쿠파 인근의 한 마을에서 순수한 아랍혈통을 지니고 태어났다. 다양한 문화와 종족이 융합되는 특성을 보였던 압바시야 시대에는 순수 아랍 혈통을 지닌 시인들이 거의 없었는데 이러한 상황에서 그는 단연 돋보이는 존재였다. 특히 그가 주장한 아랍 민족주의는 아랍인들의 추앙을 받는 데 중요한 요소가 되었다. 그의 본명은 아부 알 따입이었지만 남달리 강한 자부심을 지닌데다 달변이었던 그는 한때 자신이 신의 계시를 받은 예언자라며 혹세무민하였고, 그 이유로 수년간 옥살이를 했다. 그 후로 그는 알 무타납비(예언자임을 자처하는 사람)라는 별칭으로 불리었다.

알 무타납비는 다양한 주제의 시를 지었는데 특히 칭송시가 가장 많다. 그는 주로 당시의 지방 총독이나 권력자들을 칭송하는 시를 지어 생계를 유지하고 명예를 얻었다. 또한 사막의 자연 환경이나 동물들에 관한 생생한 묘사시에도 능했고 주변 사람들의 죽음에 대한 애도시에도 뛰어난 능력을 보였다. 훌륭한 수사력과 정확하고 순수한 언어구사로 시적 천재성을 인정받는 그는 '동양의 빅토르 위고'라는 찬사를 받기도 했다.

바그다드 중심부에는 그의 이름에서 유래된 알 무타납비 거리가 있다. 이곳은 수백여 개의 서점들이 밀집한 책의 거리로서 다양한 서적들과 이를 찾는 인파로 북적이는 명소이다. 10여 년 이상 지속된 경제제재의 여파는 신간도서의 출판을 어렵게 하였고 그 결과 서점에 진열된 책들은 주로 20~30여 년 전에 출간된 것들이다. 그러나 이 가운데서도 비교적 신간에 속하며 장정이 화려한 책들은 종교 관련서적들이어서 이라크인들에게 이슬람교는 절대적 가치임을 새삼 확인하게 했다.

알 카디미와 알 루사피

알 무타납비가 존경받는 고대 시인이라면 이라크 근대 시인 중에서는 알 카디미와 알 루사피가 존경을 받고 있다. '아랍의 시인'이라는 별칭이 붙은 알 카디미는 오스만 터키 치하와 영국 보호령 하의 격변기 아라크에서 일생을 보낸 애국주의자로서 아랍의 통일과 독립을 주창한 선구자였다. 그의 시는 이라크뿐 아니라 아랍 전역의 대중들에게서 오랫동안 사랑을 받아

왔다. 그의 동상 또한 이라크의 예술가 이스마일 파타에 의해 1972년에 제작되어 현재 알 카디미 광장에 위치해 있다.

알 카디미와 동시대를 살았던 알 루사피 역시 가장 위대한 근대 이라크 시인의 하나로 꼽힌다. 그의 시는 주로 불의에 대한 항거를 주제로 담고 있으며 대중들의 폭넓은 지지를 받았다. 그의 동상 또한 이스마일 파타에 의해 1970년에 제작되어 라시드 거리의 마으문 광장에 위치해 있다.

한 손에는 종교, 한 손에는 학문

'한 손에는 쿠란, 한 손에는 칼'이라는 문구는 서구인들에 의해 창안된 이후 아랍 문화를 종교적 편향성과 투쟁적 호전성으로 왜곡시키는 데 앞장서 왔다. 아랍인들이 이슬람교를 전파하며 빠른 속도로 정복사업을 펼쳐나간 것은 사실이다. 그러나 단순히 영토만 넓힌 것이 아니라 정복지의 문화를 수용하여 새로운 문화를 탄생시킴으로써 인류문화사에 지대한 공헌을 했음을 간과할 수 없다. 더욱이 압바시야 시대의 아랍 문명, 특히 이라크의 바그다드를 중심으로 생성된 문명은 미명의 서구세계에 큰 영향을 주었다.

바그다드에는 아랍 문명과 서구 문명의 토대를 이룩한 압바스 시대의 훌륭한 학자들을 기리는 조형물들을 쉽게 찾아볼 수 있다. 대부분 마스바 공원과 자우라 공원에 위치하며 1960년대 중반에서 1970년대 초반 사이에 제작되었다. 마스바 공원에 가면 압바스 시대의 철학자이자 수학자인 동시에 의사이며 음악가였던 알 킨디의 동상이 있다. 그는 다양한 학문을 넘나드는 약 300여 권에 달하는 저서 및 역서를 남김으로써 아랍의 학문발전에 초석을 마련했다. 그의 동상 옆에는 역시 압바스 시대의 의사이며 철학가로서 230여 권의 저서를 남긴 알 라지의 동상이 있다. 그의 저서 가운데 『알 하위(종합의학)』는 중세 이슬람의 기초의학서로서 매우 중요한 가치를 지녔다.

바그다드 국제공항으로 가는 길에는 양 어깨에 날개를 달고 비상하려는 모습의 동상이 서있다. 그는 9세기의 철학자, 시인이며 발명가였던 압바스 븐 피르나스이다. 그는 인간도 새처럼 하늘을 날 수 있다는 가능성에 도전하는 이론들을 정립한 후 실제로 실험을 해봄으로써 '아랍 최초의 비행인'이라는 명성을 얻었다.

자우라 공원에는 압바시야 시대의 위대한 철학자이자 정치사상가였던 알 파라비의 동상이 있다. 그는 철학, 논리학, 음악, 정치학 등 다양한 주제를 다룬 저서를 집필했으며, 대표작으로 「행복론」「이상국가론」「정치권력론」「정치가론」 등을 꼽을 수 있다. 그의 주요관심사는 인간의 궁극적 목표인 행복과 그것을 달성할 수 있는 방법이었다. 알 파라비는 아리스토텔레스의 형이상학을 이슬람교 철학과 융합시켜 정치사상의 틀을 발전시켰으며 플라톤의 이상국가론과 이슬람교의 전통적 국가개념을 융합하여 '이상국가' 이론을 발전시켰다.

신성한 존재, 어머니

이라크를 비롯한 아랍 국가들은 이슬람교의 가치관에 의거한 엄격한 남녀유별과 격리의 관습을 유지해 오고 있다. 아랍 국가 중 일찍이 현대화된 이라크는 남녀유별현상이 그다지 엄격하지 않은 편이지만 비아랍 국가들에 비하면 아직도 보수적이다. 아랍이슬람 사회에서는 남성에게 경제적 부양의 의무가 있고 여성에게 자녀교육과 가사운영의 의무가 있다고 본다. 특히 선대의 전통을 잘 보전하여 후대에게 물려주는 일을 어머니의 가장 중요한 책무로 여긴다. 유달리 자신들의 전통에 자부심을 갖고 그것을 고수하는 아랍인들의 생활방식은 가정교육에서 비롯된 일면이 크다.

아랍인들은 다른 어떤 민족보다도 여성의 모성애를 중시하여 어머니로서의 위치를 신성시한다. 모성애는 여성만의 고유한 특권이고 본능이라서 신성불가침의 영역으로 간주된다. 이슬람교의 제2경전 하디스에 '천국은 당신 어머니의 발밑에 있다'고 명시한 구절은 아랍이슬람 사회에서 어머니가 지니는 위상을 단적으로 설명한다.

아랍인들은 어머니에게 필요한 것은 학식이 아니라 오직 사랑이라고 인식하고 있다. 어머니는 지성이 아니라 감성으로 살아가는 존재임을 뒷받침하는 근거는 아랍어에서 '어머니의'라는 형용사가 한편으로 '무식한'이란 뜻으로 쓰이고 있는 점에서 발견할 수 있다. 이것은 아랍에서 전통적으로 여성이 교육을 받지 못해 왔음을 반증하는 일면이기도 하지만 어머니는 감성적 존재이며 그 근원은 지극한 모성애에서 비롯된 것임을 말해준다.

바그다드에선 어머니의 모습과 여성의 모습이 거룩한 자태를 과시하는 장면을 두 군데에서 볼 수 있다. 하나는 알 움마 공원에 있는 '어머니'상으로서 7월 14일 혁명으로 새롭게 탄생한 사회에서 자식들의 밝은 미래를 확신하고 있는 모습이다. 히잡(머릿수건)을 쓰고 아바야(코트 모양의 겉옷)를 두르고 있는 전형적인 이라크인 어머니는 희망에 찬 표정으로 미래를 바라보고 있다. 또 다른 어머니의 모습은 자우라 공원에 있는 '아랍 여성상'이다. 이 동상 역시 미래의 세대가 발전과 번영을 이룩하도록 염원하면서 그들에게 화관을 선사하는 어머니의 모습이다. 오로지 자손들의 미래를 위해 기도하고 헌신하는 이라크 어머니의 모습을 잘 표현하고 있다.

전쟁의 상처

이라크 근대사는 정치적 혼란과 충돌, 그리고 전쟁의 역사이다. 이라크는 국내적 혼란 외에 대외적으로는 제1차세계대전과 제2차세계대전의 소용돌이에 휘말리는 불운을 겪으면서 많은 희생자를 냈다. 특히 제2차세계대전 중에는 연합군의 이란, 시리아, 레바논 점령을 위한 군사기지 역할을 하면서 큰 피해를 입었다.

바그다드에는 국가를 위해 산화한 군인들의 넋을 기리는 기념비가 두 군데에 있다. 하나는 '무명용사 기념비'로서 1950년대에 세워진 것이고, 다른 하나는 '신무명용사 기념비'로서 1982년에 설치된 것이다. '신무명용사 기념비'는 550톤짜리의 대형방패가 뉘어져 있는 모습이다. 이 방패는 조국을 지키기 위해 전사한 군인들을 상징하는 것으로서 그 중앙엔 이라크 국기가 게양되어 있다. 그리고 전쟁묘지들도 다수 있다. 이라크 전체에는 약 11개의 전쟁묘지가 있는데 바그다드에만 5개가 있다. 이 묘지들에는 이라크인들뿐만이 아니라 터키군, 영국군 등의 것도 포함되어 있다.

이란-이라크전

1980년에서 1988년까지 무려 8년이나 지속된 이란-이라크 간의 전쟁에서 이라크인은 37만 5천 명이 희생되었다. 이라크인 42명당 한 명이 죽은 셈이다.

이란-이라크 전쟁은 사담 후세인의 정치적 모험과 야심에서 시작되었다. 1979년에 이란에서 호메이니에 의한 이슬람 혁명이 성공하자 사담 후세인은 정권안보에 위협을 느꼈다. 이란의 이슬람 혁명 정권이 이라크 내 시아파의 반정운동을 활성화시킬 것이라는 예측 때문이었다. 마침 1980년에 이라크가 막대한 석유 세입을 거두자 사담 후세인은 정치적 모험에 자신감을 갖고, 이란-이라크 간의 뿌리 깊은 민족적 갈등과 영토분쟁의 도화선에 불을 붙였다. 이란이 이라크 내 쿠르드 족을 지원하지 않는 조건으로 1975년에 이라크가 이란에게 양보했던 영토인 샤트 알 아랍을 반환하라고 통보한 것이다. 이란이 이 제안에 응하지 않자 이라크는 선제공격을 했다.

8년간의 전쟁은 막대한 인명피해와 재산상의 손실만 초래했을 뿐 아무것도 달라진 것 없이 끝났다. 이라크와 이란 두 나라가 영토도 잃지 않았고 정권도 그대로 유지했다. 이 전쟁을 계기로 이라크는 중동지역 최강의 군사국가로 자리를 굳혔고, 이란은 이슬람 혁명을 강화시켰을 뿐이다.

걸프전의 악몽, 아마리야 대피소

1991년에 일어났던 걸프전은 이라크에 지울 수 없는 상처들을 남겼다. 42일간 지속된 전쟁에서 하루 평균 2천 개의 폭탄투하로 이라크는 초토화되었다. 『뉴욕타임즈』와 『워싱턴포스트』에 따르면 미국 공군기가 단독으로 이라크에 투하한 폭탄량은 8만 8천 톤으로서 제2차세계대전 중 히로시마에 투하한 원자탄 양의 약 5배에 달하는 양이라고 했다. 이른바 '스마트탄'이라고 일컬어지는 이 폭탄들은 약 70%가 오폭되어 민간인 거주지나 학교, 모스크 등에 떨어져서 많은 인명피해를 냈다. 약 30%의 폭탄은 발전소나 통신센터, 운하, 교량 등에 명중되어 산업과 통신체계를 마비시켰다.

사담 후세인의 정치적 오판에서 비롯된 이 전쟁으로 수만 명의 이라크군이 전사했고, 수천 명의 민간인이 폭격으로 사망했다. 뿐만 아니라 전쟁 직후의 소요사태와 전염병으로 약

10만 명이 목숨을 잃었다. 걸프전의 참상 중 가장 지울 수 없는 사건은 아마리야 대피소 피폭사건이다. 아마리야 대피소는 바그다드 외곽 알 아마리야 지역에 위치한 민간인 대피소이다. 박스형의 콘크리트 건물인 이 대피소에는 걸프전 당시 약 천 명의 민간인이 수용되어 있었다. 1991년 2월 13일 새벽, 이 대피소는 미군이 투하한 2개의 폭탄을 맞아 전소했고 그 안의 수용자들도 거의 모두 희생되었다. 당시에 12명의 생존자는 지하실을 통해 가까스로 탈출했지만 화상의 정도가 심해서 회복이 어려운 상태이다. 이 대피소에 있던 수용자들은 대부분 부녀자와 노약자였으며 일가족이 모두 숨진 경우도 있다.

대피소 내부에는 당시에 투하되었던 2개의 폭탄자국이 선명하게 남아있고, 휘고 뒤틀린 기둥과 폭탄의 파편들이 당시의 참상을 증언한다. 대피소 벽면에는 희생자들의 생전 모습이 담긴 사진들이 수백 장 걸려 있다. 이 폭격이 발생한 지 1주일 후에 NATO는 이것이 명백한 오폭이었음을 인정했으며, 이라크는 폭격사건 13일 후에 쿠웨이트에서 철수했다.

삶의 중심축, 모스크

바그다드 어느 곳을 가든 파란 타일이나 금박으로 덮인 모스크의 돔과 마나렛을 볼 수 있다. 모스크에서 흘러나오는 거룩한 분위기와 무앗딘(예배를 알리는 사람)의 간절한 곡조는 이슬람 특유의 정서를 물씬 풍기며 바그다드가 겪은 영욕(榮辱)의 역사와 바그다드인들의 삶의 애환을 대변한다.

시아파 모스크 : 황금빛 돔과 미나렛의 카디마인 모스크

바그다드 북부 교외의 카디미아 지역에는 2개의 황금색 돔과 4개의 황금색 미나렛을 가진 모스크가 장엄한 위용을 떨치고 있다. 그 화려하고 신비스러운 건축양식이 말해주듯 이것은 시아파 모스크인 카디마인 모스크이다. 일반적으로 시아파 모스크는 화려한 색상과 정교한 장식으로 보는 이의 시야를 압도하여 저절로 경건함을 갖게 하는 위력을 지녔다.

이 모스크는 예언자 무함마드의 후손으로서 시아파의 이맘이었던 무사 알 카딤과 무함마드 알 자와드의 묘소가 있는 곳이다. 이곳은 이슬람 압바스 제국 시대에는 예언자의 출신 부족인 쿠라이시 족의 이름을 따라 쿠라이시 묘지라고 불렀다. 후일 시아파 왕조인 사파위조 페르시아가 바그다드를 통치하던 시대에 이 묘지는 모스크로 확장되었다. 사파위조 페르시아는 1515년에 두 묘소를 안치하는 모스크를 지어 황금을 입힌 돔과 미나렛을 건축함으로써 페르시아 통치시대의 중요한 유적을 남겼다.

이슬람교의 양대 종파는 순니파와 시아파이다. 순니파는 전체 무슬림의 약 90%를 차지하는 이슬람 세계의 주도 세력으로서 정통파 무슬림임을 주장하고 있다. 한편 시아파는 전체

카디마인 모스크.

75

알 아드함모스크.

무슬림의 약 10%를 차지하는 소수 세력으로서 이라크 남부지역 및 이란에 분포되어 있다.

시아파 무슬림들의 예배 광경은 매우 열정적이어서 그 광경을 지켜보는 이방인의 마음까지 숙연하게 한다. 모스크 안뜰 곳곳은 예배용 깔개 위에서 하염없이 절을 하거나 쿠란을 읽는 중년 여성들로 가득 찬다. 뿐만 아니라 모스크 대문 밖의 빈 공간도 기도에 열중한 여성들로 붐비고 일부 무슬림들은 모스크 대문에다 뜨거운 입맞춤을 하기도 한다. 시아파 모스크는 열정적 신앙과 신비주의적 요소가 혼합되어 항상 생동감이 넘친다.

순니파 모스크 : 이맘 알 아드함 모스크

바그다드의 서쪽 알 아드하미야 지역에서는 대형 돔을 가진 모스크가 눈길을 끈다. 이 모스크에는 이슬람의 4대 법학파(하나피 학파, 말리키 학파, 샤피이 학파, 한발리 학파) 중 하나인 하나피 학파의 창시자 이맘 아부 하니파의 묘소가 안치되어 있다. 이슬람 법학자이며 신학자였던 아부 하니파는 기존의 법학이론에 논리와 조화를 적용시킨 업적으로 많은 사람들의 추앙을 받았다. 그는 법이란 시대와 상황에 따라 변할 수 있다고 보면서 법적 관례보다는 이성을 중시하는 개방적 성향을 나타냈다. 그가 타계한 후 그의 묘소 주변에는 '아부 하니파의 구역'이라는 도시가 형성되었고, 그로부터 300년 후인 1066년에는 그의 묘소를 안치하는 모스크와 그 옆에 하나피 학교가 지어졌다. 천 년에 가까운 세월의 풍상 속에서 이 건물은 파괴와 보수의 과정을 수없이 반복하며 하나피 학파의 정신적 지주가 되고 있다.

알 가일라니 모스크와 알 사흐라와르디 모스크

이슬람 신비주의의 발전 기반

바그다드의 밥 알 셰이크 지역에는 훌륭한 이슬람 신비주의자였던 알 가일라니의 묘소를 안치한 모스크가 있다. 원래 이곳은 알 가일라니의 스승인 아부 사이드 알 무바라크가 지은 학교였다. 이란 혈통인 알 가일라니는 이 학교에 살면서 명상을 하며 학생들을 가르치다 1165년에 죽어서 이곳에 묻혔다. 그로부터 수백 년 후 오스만 터키 시대의 술탄 술레이만이 그의 묘소를 안치하는 모스크를 짓고 거대한 지붕을 올렸다.

알 가일라니 모스크.　　　　　　알 사흐라와르디 모스크.

이 모스크는 이슬람 신비주의가 뿌리를 내리고 번성하던 오스만 터키 시대의 종교 상황을 반영한다.

그리고 이슬람 신비주의자를 기리는 또 다른 모스크로서 셰이크 오마르 거리에 있는 셰이크 오마르 알 사흐라와르디 모스크를 꼽을 수 있다. 이슬람 압바스 제국 말기에 명성이 높은 신학자였던 셰이크 오마르 알 사흐라와르디가 1225년에 타계하자 그의 묘소를 안치하는 모스크가 세워졌다. 이 모스크의 원추형 돔은 이슬람 압바스 제국 말기에 바그다드의 실질적 통치자로서 150년간 군림했던 셀주크 터키의 건축양식이다.

이슬람 신비주의

이슬람은 종파적으로 순니파와 시아파로 나뉜다. 그러나 이러한 종파적 분류와는 별도로 이슬람 신비주의(Sufism:수피주의)가 독특한 신학이론을 정립하고 그 이론을 대중에게 파급

시킴으로써 널리 확산되었다.

이슬람 신비주의자를 아랍어로 수피(Sufi)라고 부른다. '수프'는 아랍어로 양모를 의미하며 '수피'는 양모옷을 입은 자를 일컫는다. 초기 이슬람 신비주의자들이 거친 양모옷을 걸치고 금욕과 고행을 실천한 데서 유래되었다. 이슬람 수피주의는 8세기경에 등장해서 독특한 신학이론을 발전시켰으며 12세기 이후에는 다양한 종단을 탄생시키며 대중적 지지기반을 넓혀 나갔다.

이슬람 수피주의의 초기 단계는 금욕주의였다. 8세기 중반에 시작된 이슬람 압바스 제국의 번영은 사치와 향락 풍조를 만연시켰고 이에 회의를 느낀 일부 무슬림들은 금욕생활을 실천하며 경건한 삶을 추구했다. 그래서 이들을 가난한 자(아랍어로 파키르, 페르시아어로 데르위시)라고 부르기도 한다. 그들은 점차 기독교, 신플라톤주의, 그노시스 교(신비주의와 결합된 기독교), 불교 등의 교리와 이론을 받아들여 신학이론과 수도 방식을 정립했다. 그들은 전통적인 신학이론과 엄격한 교리 대신 알라에 대한 새로운 접근방식을 택함으로써 알라를 가까이 만나고 그의 사랑을 느끼고자 했다.

이들의 궁극적 목표는 알라와 하나가 되는 것, 즉 알라와의 합일이었다. 이 목표에 도달하기 위해서는 고행을 통해 영적 상승단계(마깜)와 영적 심리상태(할)를 거치고 자아소멸(파나)의 단계에 이르러야 한다. 그리고 그 순간에 알라와의 합일을 체험한다. 그들의 수행방법 중에는 디크르(알라를 염송함)와 춤과 음악이 포함된다. 일련의 영적도정(따리까)은 스승의 가르침에 따라 수년 동안 이뤄지는데, 이 스승을 셰이크(Sheikh)라고 부르고 초심자를 무리드(Murid)라고 부른다.

셰이크와 그의 제자들을 중심으로 이루어진 소규모 집단들은 다양한 수피 종단으로 발전하기 시작했다. 본격적 의미에서 최초의 수피 종단은 12세기에 바그다드에서 결성된 압둘까디르 알 가일라니(1077~1166)가 이끈 알 가일라니 종단이다. 그 후에 리파이 종단, 알 사흐라와르디 종단, 낙시반디 종단 등 다양한 종단들이 탄생되었다.

바그다드에 있는 알 가일라니 모스크와 알 사흐라와르디 모스크는 이들 종단이 남긴 유적이다. 각 종단들은 종단의 창시자인 셰이크를 성자로서 숭상하고 그의 사후에는 그의 묘소를 신성시하는 성자숭배사상을 갖게 되었다. 이 사상은 정통 이슬람에서는 이단으로 취급되어 양자 사이에 마찰이 일어났다.

그러나 이슬람 신비주의자들 가운데 훌륭한 신학자들이 많이 배출되어, 이들이 체계적 이론을 정립하고 정통 이슬람 신학 이론과 이슬람 신비주의 이론을 접목시키는 노력을 기울임으로써 양자 간의 마찰은 현격히 줄어들었다. 이러한 면에서 큰 기여를 한 학자가 알 가잘리(1058~1111)이다. 그는 이슬람 신비주의자로서 정통 이슬람 신학과 이슬람 신비주의 신학, 그리고 그리스 철학을 융합함으로써 궁극적으로 이슬람 수피주의 입지를 확고히 했다.

한편 이슬람 신비주의는 이슬람의 대중화와 전파에 있어서 큰 몫을 담당했다. 정통 이슬람의 엄격한 교리 대신 융통성 있고 쉬운 교리체계를 정립함으로써 일반 대중들에게 가까이 다가갔다. 그리고 1258년 이후 아랍이슬람 세계의 문화중심지인 바그다드가 이민족에게 함락되어 정통 이슬람의 발전이 답보상태에 처했을 때 정통 이슬람을 대신해서 이슬람을 아시아와 아프리카로 전파한 공로를 인정받고 있다.

이슬람교육기관

무스탄시리야 대학

티그리스 강 동안에 우뚝 솟은 무스탄시리야 대학은 이슬람 압바스 제국의 가장 훌륭한 교육기관이었다. 압바스 제국의 마지막 통치자였던 제37대 칼리파 알 무스탄시르는 약 6년간의 공사를 하여 1233년에 이 대학을 완공했고 그의 이름을

무스탄시리야 대학.

따라 대학명칭을 붙였다.

중앙에 안뜰을 두고 지어진 2층의 직사각형 건물은 이슬람식 건축양식의 특성을 잘 나타낸다. 특히 안뜰을 향한 건물 외벽은 이완 양식으로 처리되어 있어서 아랍이슬람 세계의 신비롭고 고풍스런 정취를 풍긴다.

건물 안에는 강의실, 학생들의 숙소, 도서관, 주방, 목욕탕, 병원, 약국 등의 흔적이 남아 있다. 강의실 가운데는 이슬람교의 경전인 쿠란과 하디스 교육을 위한 특별 강의실이 별도로 마련되어 있어서 종교교육에 대한 당시의 열정을 짐작해 볼 수 있다. 당시 이 대학의 도서관에는 8만여 권의 장서가 소장되어 이슬람 세계에서 가장 중요한 학문의 중심지 역할을 하였다.

이 대학은 종교교육과 연구에 있어서 새로운 지평을 열었다는 평가를 받고 있는데, 그 이유는 이슬람의 4대 법학파의 이론을 모두 교육했기 때문이다. 당시의 종교학교들이 단지 한 법학파의 이론만을 가르쳤던 상황과 비교해 보면 매우 발전적인 모습이었다. 이 대학에선 신학과 법학 이외에도 아랍어, 수학, 의학, 약학, 천문학 등 다양한 과목을 가르쳤다.

무르잔 학교와 칸 무르잔

무르잔 학교는 이슬람 압바스 제국이 멸망한 지 100년 후인 1300년대 중반에 당시의 통치자 아민누딘 무르잔에 의해 설립되었다. 설립자의 이름이 붙여진 이 학교는 무스탄시리야 대학을 본보기로 삼아 학생들을 가르쳤으나 세월이 흐름에 따라 학교의 기능은 쇠퇴하고 모스크로 변모하게 되어 오늘날은 무르잔 모스크로 알려져 있다.

무르잔 학교 앞에는 칸 무르잔이라는 여관이 있다.

칸 무르잔.

'칸'은 아랍어화된 페르시아어로서 페르시아어에선 '집'을 의미하고 아랍어에선 '여행자 숙소', '상인들을 위한 장소', '상점' 등을 의미한다. 이라크에서 칸이 지어져 사용된 역사는 무려 4천 년이 넘는다. 수메르 왕국의 슐키 왕 시대에 처음으로 지어진 '칸'은 근대에 들어와서는 여관의 의미보다 상점 또는 시장의 의미로 쓰이면서 이라크를 비롯한 여러 아랍 국가의 시장 이름으로 사용되고 있다.

칸 무르잔이 무르잔 학교 앞에 지어진 이유는 학교운영기금을 충당하기 위한 수익사업 때문이었다. 이 건물은 건축학적으로 매우 흥미롭다. 아치형의 둥글고 높은 지붕을 가진 중앙홀을 중심으로 여러 개의 방들이 배치되어 있다. 높이가 14m에 이르는 아치형 천장엔 균일하게 틈새들이 나있고 그 틈새들을 통해 햇빛이 쏟아져 들어와 그윽한 자연채광을 이룬다.

오랜 역사의 숨결을 간직한 이 여관은 완전히 방치되어 오다가 1935년에 보수되어 아랍 고고학박물관으로 쓰였다. 긴 세월 동안 이민족의 지배 하에서 신음하며 전쟁터가 되어버렸던 바그다드의 역사는 귀중한 문화유적에 관심을 기울일 여유를 주지 않았던 것이다.

그러나 칸 무르잔이 고고학박물관으로 쓰였던 것은 잠깐이고, 오늘날은 이라크 전통음식이 제공되고 민속춤과 노래가 공연되는 고급 레스토랑으로 쓰이고 있다. 소중한 문화재를 영리적 목적으로 사용하는 이유를 바그다드 사람들에게 묻는다면, 아마도 그들은 칸 무르잔이 애당초 무르잔 학교 운영을 위한 수익사업이었기 때문이라고 답변할지 모른다.

바그다드인의 종교와 삶

사드르 시티 : 시아파의 아성(牙城)인가?

이라크인구의 65%를 차지하는 시아파는 생활여건이 낙후된 이라크 남부의 인구밀집지역이나 농촌에 주로 거주하며 낮은 생활수준을 유지한다. 한편 바그다드 시내의 사드르 시티(마디나트 알 사드르)와 바그다드 외곽의 카디미야, 마디나트 알 후리야, 미리야 등지에도 다수의 시아파가 거주한다.

사드르 시티는 이라크에서 1930년대부터 시작된 이농현상 및 도시집중화현상으로 다수의 시아파 농민들과 이라크 남부 거주 시아파들이 바그다드로 이주하면서 형성되었다.

사드르 시티의 원래 명칭은 마디나트 알 싸우라(혁명의 도시)로서, 이 명칭은 1958년 왕정이 붕괴된 지 1~2년 후에 붙여졌다. 그 후 1982년에는 마디나트 알 사담(사담 시티)으로 변경되었다가 2003년 4월 사담 후세인 정권이 붕괴한 이후에는 마디나트 알 사드르(사드르 시티)가 되었다. 알 사드르는 1980년에 사담 후세인에 의해 처형된 시아파 최고 성직자로서 이라크 시아파의 정신적 지주이다.

바그다드 북동부에 위치한 이곳은 오랜 세월 동안 자연적으로 형성된 거주지로서 건물이 낡고 도로가 좁으며 하수처리 시설이 미비되는 등 도시기반시설이 취약하다. 그리고 도시 속의 농촌이라고 할 수 있을 만큼 농촌적 분위기도 남아 있다.

이곳은 인구의 약 70%가 시아파이고 약 20%는 순니파이며 나머지 10%는 쿠르드 족이다. 한 가정당 자녀수가 평균 10명이다 보니 자연히 인구밀도가 높고 생활수준도 낮은 편이다

사드르 시티는 시아파의 아성으로 알려져 있다. 그러나 이곳을 시아파의 독점적 거주지역이며 바그다드의 대표적 빈민가라고 단정지을 수는 없다. 이 지역이 형성된 지는 이미 40년이 넘었으며 그동안 이곳의 거주자들은 바그다드 시내 다른 지역의 시민들과 동화되었다. 따라서 이 지역 주민들 중에는 순니파와 시아파가 결혼하여 가정을 이룬 경우도 많고, 아랍인과 쿠르드 족이 결혼하여 가정을 이룬 경우도 많다. 그들은 종파와 종족의 경계를 넘어 조화를 이루며 살고 있다. 그리고 학자, 의사, 공무원, 법조인, 엔지니어 등 전문직 종사자들이 상당수 살고 있다. 또한 각급 학교는 물론이고 현대화된 병원

과 보건소 등이 갖추어져 있으며 모스크도 수십 군데가 넘는다. 순니파 모스크와 시아파 모스크가 특별히 구별되어 있지 않아서 그들이 함께 예배를 보는 경우가 흔하다.

실제로 이라크의 평범한 국민들은 '모든 무슬림은 하나이다.'라고 주장하며 순니파와 시아파 간에 차별을 두지 않고 상호화합하여 살고 있으며, '모든 이라크인은 하나이다.'라는 기치 아래 아랍인과 쿠르드 족이 충돌 없이 지내고 있다. 그들은 오히려 종파분열과 종족분열현상을 정치적으로 이용하려는 정치가들을 비난하고 있다. 그리고 사드르 시티를 시아파만의 집단 거주지로서 이질적 집단으로 규정하는 서방 세계의 시각에도 불만을 품고 있다. 이라크인들은 이곳을 바그다드 시내의 평범한 한 동네로 보고 있으며, 외부에서도 색안경을 쓰지 않고 이곳을 바라보기를 희망하고 있다.

한편 이 지역은 인구밀도가 높고 저소득층이 많다는 이유로 역사상 정치적 이용대상이 되기도 했다. 1930~40년대에 이라크 공산당은 이곳이 공산주의 사상을 전파하기에 적합한 지역이라고 판단하고 열성적인 노력을 기울였다. 그러나 무신론과 유물론에 기초한 공산주의는 시아파에게 단호하게 배척당했다. 그 이후 1970년대에 바트당 정권은 반정부 이슬람 운동이 빈곤한 시아파를 중심으로 확산되는 것을 깨닫고 시아파를 위한 대규모 복지정책을 입안하여 주택을 건설하고 상하수도관을 신설하며 도로포장을 하는 등 회유정책을 썼다. 사드르 시티는 바그다드 거주 시아파의 고단한 삶의 흔적을 간직한 채 바그다드의 보통 거주구역으로 동화되고 있다.

기독교도

이슬람 압바스 제국의 수도이며 아랍이슬람 세계의 문화 중심지인 바그다드에서 기독교도들은 무슬림과 융합하며 잘 살아왔다. 이슬람 제국은 피정복민들에게 종교의 자유를 주는 대신 인두세를 징세하는 정책을 썼으므로 기독교도나 유태교도가 그들의 터전을 이룩하며 살 수 있었다.

이라크의 기독교도들은 주로 아시리아 인들과 아르메니아 인들이다. 이라크의 아시리아 인들은 고대 아시리아 인의 후손으로서 대부분 이라크 북동부의 주요 도시와 농촌에서 살면서 전문직업인, 사업가 등으로 활동하고 있다. 이들은 칼데아 교, 네스토리아 교, 시리아 정교, 시리아 가톨릭 등 4개 분파 중 한 분파에 속해 있다. 그리고 이라크 아르메니아 인들은 극소수로서 대부분 이라크 북부의 모술에 살고 있으나 바그다드와 바스라에도 거주하고 있다. 이들은 아르메니아 정교나 아르메니아 가톨릭에 속해 있다.

이라크 기독교도들에게 위기가 닥친 것은 1958년 왕정붕괴 이후이다. 기원전부터 이라크에서 뿌리를 내리고 살았던 그들은 1958년 이후 세 차례의 대이주를 통해 유럽이나 미국으로 떠났다. 첫 번째 이주는 왕정붕괴 직후 신변에 위협을 느낀 데서 비롯되었다. 기독교도들은 이슬람 압바스 제국 시대나 오스만 터키 시대에 인두세를 납세하며 무난히 잘 지내왔을 뿐만 아니라 몽고의 지배시대에는 학살과 착취의 대상에서 제외되는 특혜까지 누렸다. 그리고 영국의 위임통치 기간 및 왕정체제 하에서는 경제분야에서 중요한 역할을 했다. 특히 수출및 수입분야에서 영국은 그들에게 유리한 조건을 제공하여 개인적으로 부를 축적할 수 있도록 도왔다.

또한 이들 기독교도들은 정치분야에서도 중요한 역할을 했다. 이라크 공산당을 창설한 유스프 술래이만을 비롯하여 1920년대와 1930년대에 이라크 공산당에서 핵심적 역할을 한 이라크인들 16명 중 5명이 기독교도이다.

근대에 들어서면서 기독교도들이 영국으로부터 받은 경제적 특혜에 대한 무슬림의 반감이 점점 커지다가 왕정이 붕괴하자 한순간에 폭발했다. 무슬림은 기독교도들에게 적대적 행위를

아르메니아 정교 교회.

했고, 이에 위협을 느낀 기독교도들은 대거 이민을 떠났다.

두 번째 이주는 1967년 6일 전쟁에서 아랍이 이스라엘에 대패하고, 1968년에 이라크에서 쿠데타가 일어난 후 기독교도들에 대한 적대감이 고조된 데서 비롯되었다. 그리고 세 번째 이주는 1991년 걸프전 이후에 경제적 어려움과 사회적 고립감에서 비롯되었다.

바그다드에는 다섯 개의 기독교 교회가 있다. 가장 오래된 교회는 아르메니아 정교 교회로서 1640년에 세워졌다. 이 교회는 원래 네스토리아 교회였으나 후일 아르메니아 정교 소속으로 넘어 왔으며 1967년에 재건되었다. 일명 성모 마리아 교회로 불리는 이곳에서는 매년 성모몽소승천(성모가 죽은 후 육신과 영혼이 하늘에 들어올려짐) 축제를 연다.

유태교도

이라크 유태인의 역사는 기원전 586년으로 거슬러 올라간다. 신바빌로니아 왕국의 네브가드네제르 2세가 예루살렘을 정복하고 약 4만 명의 유태인들을 바빌론으로 잡아갔다. 포로가 된 유태인들은 점차 바빌론의 문화에 동화되어 그곳에 뿌리를 내렸다. 기원전 538년에 페르시아의 키루스 왕이 바빌론을 정복하면서 유태인들의 귀향을 허락했으나 그들 중 대다수는 계속 잔류했다.

유태인 공동체는 메소포타미아 지역에서 계속 발전했으며

그들의 번영은 이슬람 압바스 시대와 오스만 터키 시대를 거쳐 1930년대 초반까지 이어졌다. 이슬람 압바스 시대와 오스만 터키 시대에 유태인들은 상업, 수공업, 금융 등 경제 분야에서 중요한 역할을 맡았고 교육받은 중산층은 공직에도 진출했었다.

이라크 거주 유태인들은 자치적 공동체를 유지했고 아랍 국가에 거주하는 유태인 공동체 중에서 가장 부유하고 단합된 사회였다. 19세기 바그다드 유태인 공동체 중심부에 위치했던 '흰눈' 시장은 수많은 유태인들이 이용하는 식료품 시장으로서 모든 상인과 고객이 유태인이었다. 셀 수 없을 만큼 많은 골목들이 거미줄처럼 연결되고 그 골목들을 따라 가게들이 줄지어 있었으며 시장 한가운데는 유태 교회당이 있었다. 당시 바그다드에는 약 3000명의 유태인이 살고 있었으며 9개의 유태 교회당이 있었던 것으로 전해진다.

그러나 이라크 거주 유태인들의 운명은 1930년대에 시온주의 국가건설과 관련하여 유태인과 무슬림의 관계가 악화되면서 위기를 맞이했다. 이라크는 아랍 세계에서 최초로 독립을 쟁취한 국가로서 범아랍주의와 반시오니즘의 중추적 역할을 맡았다고 자부하고 있었다. 1934년에 범아랍주의에 입각한 체제개편작업이 시작되면서 행정직에 근무하는 유태인들은 해고되었고 그 자리는 교육받은 신세대 아랍인들로 대체되었다.

유태인들의 상황은 점점 악화되어 1941년 이른바 '법과 질서의 붕괴'라고 일컬어지는 혼란기에 그들은 바그다드, 모술, 키르쿡, 아르빌, 바스라, 팔루자 등지에서 몰매를 맞거나 살해되었으며, 그들의 재산은 약탈되고 방화되었다. 당시의 공식통계에 따르면 187명의 유태인이 사망한 것으로 발표되었지만 유태인측의 주장에 따르면 최소한 400여 명이 목숨을 잃은 것으로 알려졌다.

그러나 모든 이라크인들이 유태인들을 차별하고 박해한 것은 아니었다. 당시의 위기상황에서 많은 유태인들이 무슬림가정에 피신해 있음으로써 목숨을 건졌으며 일부 무슬림들은 유태인들의 신변보호를 위해 헌신적으로 노력하기도 했다.

1950년대에 들어서면서 유태인들은 오랜 세월에 걸쳐 쌓아왔던 무슬림과의 우정을 청산하고 팔레스타인이나 미국으로 이주했다. 그들의 이주는 1956년의 수에즈 전쟁과 1967년의 아랍-이스라엘 전쟁 이후 가속화되었다. 특히 1967년의 전쟁에서 아랍이 참패한 후에는 많은 유태인들이 간첩으로 지목되어 바그다드에서 공개처형되었다.

한편 이라크를 떠난 유태인들은 그들의 삶의 터전이었던 이라크와 그 문화, 그리고 무슬림과의 우정을 잊지 못하고 향수에 젖어 사는 경우가 많았다. 이에 1972년 이라크 정부는 해외로 이주했던 이라크 유태인의 귀환을 공개적으로 추진했으며 1989년에 사담 후세인은 정책적으로 바그다드의 유태인 교회당 한 곳을 보수했다.

바그다드인의 삶과 예술

바그다드인들의 민족적 긍지와 문화적 자부심은 무척 강하다. '뿌리 깊은 나라' 이라크가 메소포타미아 문명의 중심부이고, 성서의 예언자 중 27명이 태어난 곳이며, 중세에 세계를 호령하던 이슬람 압바스 제국의 사령탑이었다는 점은 바그다드인의 자긍심의 원천이다.

바그다드인들에게는 강인한 의지와 실천력이 있다. 이라크는 근대에 서구 식민지배로부터 가장 먼저 독립한 아랍 국가로서 일찍이 현대화와 산업화를 추진했고, 교육, 과학, 문화, 의료 분야 등에서 괄목할 만한 발전을 이룩하여 여러 아랍 국가의 인재들이 유학을 오는 학문의 메카였다. 2003년 이라크전이 발발했을 때 전 세계의 구호단체에서 의료진이 들어가 도움을 주려 했을 때 그들은 선뜻 도움을 받지 않았다. 자신들의 의료수준에 대한 믿음과 자부심이 컸기 때문이다.

바그다드인들은 명예와 자존심을 소중히 여긴다. 상대방이 진실한 마음으로 바그다드인들의 명예를 존중하면 그들은 받은 친절의 몇 배로 보답한다. 그러나 명예나 자존심이 손상되면 무섭게 분노한다. 그들은 선량하고 정직한 사람들을 백단향나무에 비유한다. '백단향나무는 본디 차갑고 향기로운 나무로서 사람들이 부드럽게 어루만지면 시원함과 상쾌함을 선사한다. 그러나 날카로운 도구로 긁으면 무서운 열기와 독을 뿜어낸다.' 아랍인의 지혜서에 명시되었고 민간에 회자되는 이 구절은 선량하고 정직한 사람을 얕보고 함부로 대하면 무섭게 분노함을 경고하고 있다.

바그다드인들은 문학과 미술을 사랑한다. 특히 시문학은 그들에게 생활의 일부로서 삶의 한가운데에 자리를 잡았다. 또한 그들은 미술적 역량도 풍부하다. 일찍이 메소포타미아 문명의 풍부한 예술성을 유산으로 물려받은 데다 역사상 많은 통치자들이 정책적으로 미술을 장려한 덕분에 그 수준이 상당히 발달되었다. 1960년대에는 다수의 전문적 미술교육기관이 설립되어 뛰어난 미술가를 양성했으며, 1970년대부터 80년대에는 바그다드에서 국제미술전시회와 심포지엄이 개최되었다. 하지만 미술의 발전은 점차 그 날개를 접어야 했다. 미술이 순수한 예술성을 상실하고 통치자를 찬양하거나 그 치적을 선전하는 도구로 전락되었기 때문이다. 그러나 바그다드가 지닌 유구한 문명의 역사와 미술적 잠재력을 고려해 볼 때 머지않아 그 기지개를 다시 펼 것으로 보인다.

예술을 사랑하는 바그다드인들의 생활은 1990년대 초부터 시작된 UN의 경제봉쇄 조치 후 판도가 달라졌다. 이라크 전체 인구의 2/3는 가계 수입의 전체를 식품구입에 쓴다 해도 필수영양소를 섭취할 수 없는 상황에 이르렀고, 의약품과 의료장비 부족으로 전체 인구의 평균사망률 및 유아사망률이 최하위 후진국 수준으로 떨어졌기 때문이다.

이란-이라크전과 걸프전, 경제봉쇄 조치, 그리고 이라크 전쟁은 이라크 역사의 시계바늘을 뒤로 돌려놓았다. 이라크가 잇단 악재 속에서 상실한 시간 및 복구에 필요한 기간을 계산하면, 현대사에서 50년 이상을 후퇴했다는 평가가 나왔다. '불사조의 도시' 바그다드가 하루빨리 새로운 부활을 이룩해서 '평화의 도시'와 '정의(正義)의 정원'으로 정착되길 온 세계가 염원할 것이다.

바그다드 천일야화의 고향

펴낸날	초판 1쇄 2005년 4월 10일
	초판 2쇄 2012년 2월 27일

지은이	**이동은**
펴낸이	**심만수**
펴낸곳	**(주)살림출판사**
출판등록	1989년 11월 1일 제9-210호

경기도 파주시 문발동 522-1
전화 031)955-1350   팩스 031)955-1355
기획·편집 031)955-4662
http://www.sallimbooks.com
book@sallimbooks.com

ISBN 978-89-522-0357-1   04080